DCG 6

Finance d'entreprise

CORRIGÉS DU MANUEL

Jacqueline DELAHAYE
Agrégée de techniques économiques de gestion
Ancienne élève de l'ENS Cachan

Florence DELAHAYE-DUPRAT
Agrégée d'économie et gestion
Ancienne élève de l'ENS Cachan
Diplômée d'expertise comptable
Enseignante à l'IUT de Nantes

7e édition

EDITIONS
FRANCIS LEFEBVRE
DUNOD

11 rue Paul Bert 92240 Malakoff
www.dunod.com
ISBN 978-2-10-077532-3
ISSN 1269-8792

Sommaire

CHAPITRE 1

La valeur et le temps

APPLICATION 1

Questions diverses

a	Les taux d'intérêt varient dans le temps.	Vrai.
b	1 € aujourd'hui vaut plus qu'1 € dans 2 ans.	Vrai : il est plus intéressant de disposer d'1 € aujourd'hui car cette somme peut être placée (elle vaudra donc plus qu'1 € dans 2 ans en tenant compte des intérêts acquis).
c	On peut comparer directement des sommes attachées à des dates différentes.	Faux : il faut actualiser les sommes pour les comparer.
d	Plus le taux utilisé est élevé, plus la valeur actuelle d'une somme est faible.	Vrai.
e	0,2 % = 0,0002.	Faux : 0,2 % = 0,2 / 100 = 0,002.
f	La valeur actuelle d'une somme est plus élevée avec un taux de 5 % qu'avec un taux de 10 %.	Vrai.

APPLICATION 2

Valeur acquise par un capital unique

1. Valeur acquise au bout de 3 ans

$15\,000 \times 1{,}02^3 = 15\,918{,}12$ €

2. Montant des intérêts

$15\,918{,}12 - 15\,000 = 918{,}12$ €

• Première année : 15 000 × 0,02 =	300
• Deuxième année : 15 300 × 0,02 =	306
• Troisième année : 15 606 × 0,02 =	312,12
Total :	918,12

APPLICATION 3

Évaluation d'une somme unique à plusieurs dates

1. Taux de 4 %

- Aujourd'hui : $10\ 000\ (1{,}04)^{-1} = 9\ 615{,}38$
- Dans 1 an : 10 000
- Dans 2 ans : $10\ 000\ (1{,}04) = 10\ 400$
- Dans 3 ans : $10\ 000\ (1{,}04)^2 = 10\ 816$

2. Taux de 10 %

- Aujourd'hui : $10\ 000\ (1{,}10)^{-1} = 9\ 090{,}91$
- Dans 1 an : 10 000
- Dans 2 ans : $10\ 000\ (1{,}10) = 11\ 000$
- Dans 3 ans : $10\ 000\ (1{,}10)^2 = 12\ 100$

3. Commentaire

On constate des écarts significatifs entre les deux séries de résultats. La valeur actuelle et la valeur acquise sont très sensibles au taux utilisé pour les calculer.

APPLICATION 4

Valeur acquise par une suite de versements constants

1. Valeur acquise

Les versements étant effectués en fin d'année, il est possible d'appliquer sans modification la formule donnant la valeur acquise par une suite de sommes constantes :

$$V_3 = 20\ 000\ \frac{(1{,}03)^3 - 1}{0{,}03} = \mathbf{61\ 818\ €}$$

2. Valeur au bout de 5 ans

$$V_0 = 20\ 000\ \frac{(1{,}03)^5 - 1}{0{,}03} = \mathbf{106\ 182{,}72\ €}$$

APPLICATION 5

Valeur actuelle d'une suite de versements

1. Valeur actuelle V_0 au taux de 3 %

$V_0 = 1\ 000\ (1{,}03)^{-1} + 2\ 000\ (1{,}03)^{-2} + 3\ 000\ (1{,}03)^{-3} + 4\ 000\ (1{,}03)^{-4} + 5\ 000\ (1{,}03)^{-5}$

$V_0 = 13\ 468{,}48\ €$

2. Valeur actuelle au taux de 6 %

$V_0 = 1\,000\,(1{,}06)^{-1} + 2\,000\,(1{,}06)^{-2} + 3\,000\,(1{,}06)^{-3} + 4\,000\,(1{,}06)^{-4} + 5\,000\,(1{,}06)^{-5}$

$V_0 = 12\,146{,}91$ €

APPLICATION 6

Doublement d'un capital unique

1. Durée nécessaire au doublement

Soit X le capital placé, on a :

$X\,(1{,}05)^n = 2X \Rightarrow (1{,}05)^n = 2 \Rightarrow n = 14{,}21 \Rightarrow$ ***n* = 14 ans et 76 jours**

2. Taux nécessaire au doublement en 10 ans

$X\,(1 + t)^{10} = 2X \Rightarrow (1 + t)^{10} = 2 \Rightarrow 1 + t = 2^{1/10} \Rightarrow$ ***t* = 7,18 %**

APPLICATION 7

Capital unique et inflation

1. Valeur acquise

$1\,500\,(1{,}032)^3 =$ **1 648,66 €**

2. Intérêts produits

- **Premier calcul** : 1 648,66 – 1 500 = **148,66 €**
- **Deuxième calcul :**

Première année : 1 500 × 3,2 % =	48
Deuxième année : (1 500 + 48) × 3,2 % =	49,54
Troisième année (1 548 + 49,54) × 3,2 % =	51,12
Total :	**148,66 €**

3. Calcul déflaté

Valeur acquise après élimination de l'inflation (c'est-à-dire en euros constants et non courants) :

$$\frac{1\,500\,(1{,}032)^3}{(1{,}02)^3} = \frac{1\,648{,}66}{(1{,}02)^3} = \mathbf{1\,553{,}57\ €}$$

Intérêts déflatés : 1 553,57 – 1 500 = 53,57 €

APPLICATION 8

Taux de rendement d'une opération boursière

1. Schéma des flux de l'opération

0	1	2
– 41 220 (somme placée)	2 500	2 800 + 50 250

2. Taux de rendement

Le taux de rendement est le taux qui réalise l'équivalence entre le montant placé et la valeur actuelle des sommes reçues en contrepartie. Soit t le taux cherché :

$41\ 220 = 2\ 500\,(1 + t)^{-1} + 53\ 050\,(1 + t)^{-2} \Rightarrow \boldsymbol{t = 16{,}52\ \%}$

Commentaire :

La plus-value réalisée en bourse a permis d'augmenter fortement le taux de rendement.

APPLICATION 9

Choix entre deux modalités de placement

1. Taux trimestriel proportionnel

$$\frac{3{,}2\ \%}{4} = 0{,}8\ \%$$

2. Valeur acquise

Placement annuel

$$6\ 000\ \frac{1{,}032^{5} - 1}{0{,}032} = 31\ 982{,}43\ €$$

Placement trimestriel

Il y a 20 trimestres sur la période considérée, donc 20 placements de 1 500 €.

$$1\ 500\ \frac{1{,}008^{20} - 1}{0{,}008} = 32\ 393{,}26\ €$$

3. Commentaire

La seconde modalité est financièrement plus intéressante. Les sommes sont versées plus tôt (en grande partie en cours d'année), donc elles produisent un peu plus d'intérêts qu'avec la première modalité. De plus, l'utilisation d'un taux trimestriel proportionnel revient à bénéficier d'un taux annuel équivalent légèrement supérieur à 3,20 %.

APPLICATION 10

Capucine

1. Annuité constante

$$a = 65\ 000 \frac{0{,}03}{1-(1{,}03)^{-5}} \Rightarrow a = \mathbf{14\ 193{,}05}$$

2. Dette restante au bout d'un an

Premier calcul (à partir de la 1re annuité)

On sait qu'il est possible de décomposer la 1re annuité constante a_1 :

a_1 = Emprunt × Taux + Premier remboursement de capital

Premier remboursement = a – 65 000 × 0,03 = 14 193,05 – 1 950 = 12 243,05

Montant restant à rembourser : 65 000 – 12 243,05 = **52 756,95 €**

Deuxième calcul (valeur actuelle des annuités restant à verser)

Juste après le règlement de la 1re annuité, il reste encore 4 annuités à verser, la première dans 1 an.

Dette restante : $14\ 193{,}05 \frac{1-(1{,}03)^{-4}}{0{,}03}$ = **52 756,96 €**

APPLICATION 11

Taux proportionnels – Taux équivalents

1. Mensualité constante

Il y aura 24 versements mensuels constants.

Elle est calculée en utilisant le taux mensuel proportionnel, soit : $\frac{6\ \%}{12} = 0{,}5\ \%$

$$m = 40\ 000 \frac{0{,}005}{1-(1{,}005)^{-24}} = \mathbf{1\ 772{,}82}$$

2. Taux équivalents

Taux mensuel équivalent au taux annuel de 6 %

$(1 + t_m)^{12} = 1{,}06 \quad \Rightarrow \quad t_m = 1{,}06^{1/12} - 1 = 0{,}00487$ ou $0{,}487\ \% < 0{,}5\ \%$

Taux annuel équivalent au taux mensuel proportionnel

$(1{,}005)^{12} = 1 + t \quad \Rightarrow \quad t = 1{,}0617 - 1 = 0{,}0617$ ou $6{,}17\ \% > 6\ \%$

3. Supplément d'intérêts

On a : Intérêts versés = Total des versements – Capital emprunté

Pour comparer les deux possibilités, il faut connaître la mensualité qui aurait été trouvée en cas d'application du taux mensuel équivalent :

$$m = 40\ 000\ \frac{0{,}00487}{1-(1{,}00487)^{-24}} = \mathbf{1\ 770{,}01}$$

Intérêts versés si taux proportionnel

1 772,82 × 24 – 40 000 = 2 547,68

Intérêts versés si taux équivalent

1 770,01 × 24 – 40 000 = 2 480,24
Le supplément d'intérêts avec un taux proportionnel est de : **67,44 €**

CHAPITRE 2

La valeur et le risque

APPLICATION 1

Questions diverses

a	La rentabilité attendue d'une action est incertaine.	Vrai.
b	Toutes les actions présentent le même risque.	Faux.
c	Une obligation ordinaire est sans risque.	Faux : une obligation (droit de créance) est moins risquée qu'une action (droit de propriété) mais l'émetteur peut faire faillite.
d	La rentabilité d'une action dépend uniquement du dividende distribué.	Faux : elle dépend aussi de l'évolution du cours.
e	L'écart type de la rentabilité d'un actif sans risque est de 1.	Faux : il est de 0.
f	Les placements risqués sont mieux rémunérés que les placements non risqués.	Vrai (couple risque/rentabilité).
g	La diversification d'un portefeuille permet de réduire le risque	Vrai.
h	Des modèles financiers permettent de calculer la rentabilité d'un titre en fonction de plusieurs facteurs	Vrai.

APPLICATION 2

Taux de rentabilité d'une action

1. Taux de rentabilité *r*

Ce taux se calcule à partir de la différence de cours pendant la période considérée et du dividende éventuellement versé pendant cette période :

$$r = \frac{116 - 102 + 4}{102} = 17,65\ \%$$

2. Évolution dans le temps

Le cours d'une action cotée changeant constamment, la rentabilité est forcément fluctuante et varie selon les périodes retenues pour le calcul.

APPLICATION 3

Écart type

L'écart type mesure les fluctuations de la rentabilité autour de la moyenne.
Si la rentabilité d'une action risque de s'écarter beaucoup de la moyenne, on dit qu'elle est volatile et que cette action présente un risque important.

APPLICATION 4

Diversification

1. Taux moyen de rentabilité

$6,2\ \% \times 0,6 + 0,8\ \% \times 0,4 = 4,04\ \%$

2. Niveau de risque du portefeuille

Le niveau de risque sera abaissé ; en effet, les obligations d'État sont qualifiées d'actif sans risque. L'écart type de la rentabilité est égal à 0.
On peut calculer l'écart type du nouveau portefeuille :
Var = $0,15^2 \times 0,6^2 + 0 = 0,0081$ et $\sigma = \sqrt{0,0081} = 0,09$, soit 9 %
On constate bien une baisse de l'écart type de la rentabilité, donc du risque, obtenue grâce à la diversification.

APPLICATION 5

Calcul de la rentabilité mensuelle d'une action

1. Calcul des rentabilités mensuelles

1	2	3	4	5	6
4/241 = 1,6598 %	3/245 = 1,2245 %	6/248 = 2,4194 %	– 6/254 = – 2,3622 %	17/248 = 6,8555 %	0,00 %

2. Rentabilité semestrielle moyenne

Rentabilité semestrielle = (265 – 241) / 241 = 9,96 %

APPLICATION 6

Portefeuille composé de trois actions

1. Écart type de 8 %

L'écart type mesure l'importance de la dispersion des données autour de la moyenne.
Pour apprécier le niveau d'un écart type, il faut le comparer à la moyenne (ou espérance).
Ici, l'écart type est égal à environ deux fois la moyenne.

2. Caractéristiques du portefeuille

Taux de rentabilité espéré : $0{,}045 \times 1/3 + 0{,}051 \times 1/3 + 0{,}069 \times 1/3 = 0{,}055$ ou **5,5 %**

Variance : On ne peut pas calculer l'écart type directement. Il faut d'abord calculer la variance :
$0{,}08^2 \times (1/3)^2 + 0{,}12^2\,(1/3)^2 + 0{,}15^2\,(1/3)^2 = 0{,}00481$

On en déduit l'écart type : $0{,}00481^{1/2} = 0{,}0694$ soit **6,94 %**

3. Choix final

Taux de rentabilité espéré : $0{,}045 \times 0{,}2 + 0{,}051 \times 0{,}3 + 0{,}069 \times 0{,}5 = 0{,}0588$ ou 5,88 %

Variance : $0{,}08^2 \times (0{,}2)^2 + 0{,}12^2\,(0{,}3)^2 + 0{,}15^2\,(0{,}5)^2 = 0{,}007177$
et écart type : $0{,}007177^{1/2} = 0{,}08472$ ou **8,47 %**

Commentaire : l'investisseur a privilégié le niveau de rentabilité ; c'est au détriment du risque qui a augmenté par rapport au portefeuille précédent.

APPLICATION 7

Rentabilité historique d'une action

1. Rentabilités de l'action X et du marché

Semaines	Action X R_X	Marché R_M
2	$\frac{788-780}{780} = 0{,}010256 \Rightarrow 1{,}03\ \%$	$\frac{528{,}62 - 523{,}49}{523{,}49} \times 100 = 0{,}98\%$
3	$\frac{773-788}{788} = -0{,}01903 \Rightarrow -1{,}90\%$	– 0,96%
4	$\frac{802-773}{773} = 3{,}75\%$	+ 2,88%
5	$\frac{797-802}{802} = -0{,}62\%$	– 0,09%
6	$\frac{798-797}{797} = 0{,}13\%$	+ 0,42%
7	$\frac{810-798}{798} = 1{,}50\%$	+ 1,58%
8	$\frac{814-810}{810} = 0{,}49\%$	+ 0,53%

Rentabilité hebdomadaire moyenne de l'action X (exprimée en %)

$$\overline{R_X} = \frac{1{,}03 - 1{,}90 + \ldots + 0{,}49}{7} = 0{,}63$$

Rentabilité hebdomadaire moyenne du marché (exprimée en %)

$$\overline{R_M} = \frac{0{,}98 - 0{,}96 + 2{,}88 + \ldots + 0{,}53}{7} = 0{,}76$$

2. Risque relatif à l'action X

On calcule la variance et l'écart type de la rentabilité hebdomadaire de l'action X :

R_X	$(R_X)^2$
1,03	1,0609
– 1,90	3,61
3,75	14,0625
– 0,62	0,3844
0,13	0,0169
1,50	2,25
0,49	0,2401
4,38	21,6248

$$VAR.(R_X) = \frac{1}{7}\Sigma R_X{}^2 - (\bar{R}_X)^2$$

$$= 3{,}0893 - \left(\frac{4{,}38}{7}\right)^2$$

$$= \mathbf{2{,}6978}$$

$$\sigma_{R_X} = \sqrt{2{,}6978} = 1{,}64\ \%$$

APPLICATION 8

Rentabilité et risque des actions BZ et JD

1. Rentabilité mensuelle et écart type de la rentabilité mensuelle

Rappel

$$R = \frac{\text{Cours en fin de période} - \text{Cours en début de période} + \text{Dividende versé}}{\text{Cours en début de période}}$$

Exemple de calcul de la rentabilité mensuelle (relatif à l'action BZ)

La rentabilité d'une action, sur une période donnée, se calcule de la façon suivante :

Janvier $\Rightarrow \dfrac{44 - 40}{40} = 10\ \%$

Février $\Rightarrow \dfrac{42 - 44}{44} = -\ 4{,}55\ \%$

etc.

Calcul des rentabilités mensuelles

Action BZ :

Mois	J	F	M	A	M	J	J	A	S	O	N	D
Renta-bilité	10	– 4,55	– 9,52	7,89	– 2,44	– 5	10,53	7,14	6,67	4,17	4	5,77

Action JD :

Mois	J	F	M	A	M	J	J	A	S	O	N	D
Renta-bilité	16,67	22,86	13,95	–18,37	– 17,5	27,27*	30	– 3,85	– 4	– 16,67	10	13,64
* (80 + 4 – 66)/66												

2. Calcul de la rentabilité mensuelle moyenne et de l'écart type de la rentabilité

Rentabilité mensuelle moyenne

Action BZ $\Rightarrow$ Rentabilité mensuelle moyenne $= \dfrac{10 - 4{,}55 - \ldots + 5{,}77}{12} = \dfrac{34{,}66}{12} = \mathbf{2{,}89\ \%}$

Action JD $\Rightarrow$ Rentabilité mensuelle moyenne $= \dfrac{74}{12} = \mathbf{6{,}17\ \%}$

Écarts types de la rentabilité mensuelle

Action BZ

Var : $\dfrac{577{,}57}{12} - \left(\dfrac{34{,}66}{12}\right)^2 = 39{,}79$

Écart type : $(39{,}79)^{1/2} = 6{,}31\ \%$

Action JD

Var : $\dfrac{3\,877{,}19}{12} - \left(\dfrac{74}{12}\right)^2 = 285{,}07$

Écart type : $(285{,}07)^{1/2} = 16{,}88\ \%$

3. Commentaire

La rentabilité mensuelle moyenne, calculée pour l'année N, est sensiblement plus élevée pour l'action JD.

L'écart type de la deuxième action est également nettement plus élevé, ce qui traduit un niveau de risque plus important. La volatilité importante des cours et de la rentabilité de cette action est l'illustration de ce risque. Il est donc logique que la rentabilité attachée à cette action soit plus élevée.

APPLICATION 9

Modèle plurifactoriel et portefeuille

1. Commentaire

On voit que les trois actions ne réagissent pas de la même façon en cas de variation des deux facteurs.

Le niveau des β permet de voir que l'action A est la plus risquée car la plus sensible aux deux facteurs. L'action B est la moins sensible, l'action des deux coefficients se compensant. Logiquement, la rentabilité espérée de cette action devrait être moins forte que pour les deux autres.

2. β du portefeuille

Facteur 1

$\beta_1 = 0{,}5 \times 1/3 - 0{,}4 \times 1/3 + 1 \times 1/3 = \mathbf{0{,}37}$

Facteur 2

$\beta_2 = 1{,}1 \times 1/3 + 0{,}7 \times 1/3 + 0{,}4 \times 1/3 = \mathbf{0{,}73}$

3. Rentabilité attendue des trois actions

- Action 1 : 0,03 + 0,0285 × 0,5 + 0,0360 × 1,1 = 0,08385 ≈ **8,39 %**
- Action 2 : 0,03 + 0,0285 × (– 0,4) + 0,0360 × 0,7 = 0,0438 ≈ **4,38 %**
- Action 3 : 0,03 + 0,0285 × 1 + 0,0360 × 0,4 = 0,0729 ≈ **7,29 %**

4. Rentabilité espérée du portefeuille

- **Calcul 1 (moyenne des rentabilités attendues des 3 actions) :**
8,39 % × 1/3 + 4,38 % × 1/3 + 7,29 % × 1/3 = **6,68 %**

- **Calcul 2 (calcul à partir des β moyens) :**
β moyen du 1er facteur : (0,5 – 0,4 + 1) × 1/3 ≈ 0,37
β moyen du 2e facteur : (1,1 + 0,7 + 0,4) × 1/3 ≈ 0,73
0,03 + 0,37 × 0,0285 + 0,73 × 0,036 = **6,68 %**

APPLICATION 10

Titres A, B et C

1. Coefficients β

Le coefficient β mesure le risque d'un titre par rapport à un facteur de risque, c'est-à-dire la sensibilité de la rentabilité d'un titre à une variation d'un facteur de risque.
Le β_1 du titre A égal à 0,5 signifie que, lorsque l'indice de la production industrielle augmente de 1 %, la rentabilité du titre A augmente de 0,5 %.

2. Primes de risque

La prime de risque relative au facteur 1 correspond au supplément de rentabilité exigé par rapport au taux sans risque pour un investissement dans un portefeuille ayant un bêta de 1 par rapport au facteur 1 et de 0 par rapport au facteur 2.
La prime de risque relative au facteur 2 correspond à la diminution de rentabilité exigée par rapport au taux sans risque pour un investissement dans un portefeuille ayant un bêta de 1 par rapport au facteur 2 et de 0 par rapport au facteur 1. Dans ce cas, le facteur 2 est considéré comme une possibilité de couverture.

3. Rentabilité attendue de chacun des titres

D'après le modèle à 2 facteurs, la rentabilité attendue d'un titre découle de la relation suivante :

$$E(R) = R_F + b_1 \underbrace{[E(R_1) - R_F]}_{\text{Prime de risque relative au facteur 1}} + b_2 \underbrace{[E(R_2) - R_F]}_{\text{Prime de risque relative au facteur 2}}$$

On a donc :
- $E(R_A)$ = 0,03 + 0,5 × 0,06 – 1 × 0,02 = **4 %**
- $E(R_B)$ = 0,03 + 1,5 × 0,06 – 0,2 × 0,02 = **11,60 %**
- $E(R_C)$ = 0,03 + 1 × 0,06 – 0,6 × 0,02 = **7,80 %**

La rentabilité étant une fonction croissante du risque, on peut dire que le titre B est plus risqué que le titre C et que le titre C est plus risqué que le titre A.

4. Limites du modèle à deux facteurs

Le modèle multi-facteurs est censé être plus représentatif de la réalité que d'autres modèles car il permet de mesurer les rentabilités espérées de façon plus précise. En revanche, il exige :

- de déterminer les facteurs les plus adéquats. Chaque facteur doit représenter un risque qui ne peut être éliminé par la diversification ;
- de calculer le β relatif à chacun des facteurs retenus.

En pratique, les facteurs sont choisis en fonction du bon sens et de leur simplicité d'utilisation.

CHAPITRE 3 Le marché financier

APPLICATION 1

Avantages de la cotation en bourse

- La cotation en bourse donne une certaine satisfaction aux actionnaires qui peuvent ainsi, facilement, réduire ou augmenter leur engagement dans la société avec possibilité de réaliser, au passage, des gains (mais aussi, parfois, des pertes).
- La cotation en bourse asseoit la notoriété de l'entreprise.
- La cotation constitue une publicité permanente ; le nom de la société figure tous les jours dans les journaux publiant les cours de bourse.
- L'avantage principal réside dans le fait que l'entreprise cotée peut faire appel publiquement à l'épargne pour se procurer des capitaux nouveaux (sous forme d'actions ou sous forme d'obligations... ou des deux).

APPLICATION 2

Facteurs affectant les cours

Globalement, la valeur d'une action correspond à la valeur actuelle de tous les flux qu'elle est susceptible de produire dans le futur (ces flux étant bien entendu estimés, c'est-à-dire prévisionnels). Tous les évènements qui remettent en cause ces flux sont de nature à modifier cette valeur, notamment :

- une modification de la conjoncture économique ;
- un climat politique dégradé (ou amélioré) ;
- un changement de direction dans la société ;
- une erreur de stratégie ou de fabrication ;
- une modification des taux d'intérêt ;
- etc.

APPLICATION 3

PER et rendement

1. Lettre A

La lettre A correspond au compartiment de l'Eurolist auquel appartient la société.
Le compartiment A réunit les sociétés dont la capitalisation dépasse le milliard d'euros.

2. Remarque sur les PER

En février N, le résultat de l'exercice N n'est pas encore connu ; celui de N–1 ne l'est pas non plus. Par conséquent, les bénéfices par action sont prévisionnels (ou estimés) et les PER calculés sur cette base sont eux-mêmes estimés. Ces données peuvent faire l'objet de révisions en cours d'année.

3. Vérification du PER et du taux de rendement

PER estimés

- **L'Oréal** :

$N \Rightarrow \frac{130{,}2}{5{,}33} = 24{,}43$ $\quad$ $N+1 \Rightarrow \frac{130{,}2}{5{,}98} = 21{,}77$

- **TF1** :

$N \Rightarrow \frac{11{,}73}{0{,}45} = 26{,}1$ $\quad$ $N+1 \Rightarrow \frac{11{,}73}{0{,}67} = 17{,}5$

Etc.

Rendement N (estimé)

- **L'Oréal** : $N \Rightarrow \frac{2{,}70}{130{,}2} = 2{,}10\ \%$

- **TF1** : $N \Rightarrow \frac{0}{11{,}73} = 0\ \%$

Etc.

4. Capitalisation boursière de chaque société (le 07.11.N)

- **L'Oréal** : $130{,}2 \times 646\,773 \approx 84\,209\,844$ €
- **TF1** : $11{,}73 \times 132\,337 \approx 1\,552\,313$ €
- **Total** : $46 \times 3\,566\,866 \approx 164\,075\,836$ € (soit 164 millions d'euros)

APPLICATION 4

Exploitation de la cote

1. Calculs

Emprunt 1

Coupon couru : 1,140 % × 100 € = 1,14 €

Vérification :

Durée écoulée depuis le dernier coupon versé : 5 (avril) + 31 +30 + 31 + 4 = 101 jours

On sait qu'il faut rajouter 3 jours ouvrés pour calculer le coupon : 101 + 3 = 104 jours

Coupon annuel = 4 % × 100 = 4 €

Coupon couru au 05.08.N = 4 × 104/365 = 1,14 €

Prix d'achat de l'obligation : (105,63 % + 1,140 %) × 100 = **106,77 €**

Emprunt 2

Coupon couru : 3,722 % × 100 € = 3,722 €

Vérification :

Durée écoulée depuis le dernier coupon versé :

6 (octobre) + 30 + 31 + 31 + 28 + 31 + 30 + 31 + 30 + 31 + 4 = 283 jours

Durée totale : 283 + 3 = 286 jours

Coupon annuel = 4,75 % × 100 = 4,75 €

Coupon couru : 4,75 × 286/365 = 3,72 €

Prix d'achat de l'obligation : (110,54 % + 3,722 %) × 100 = **114,26 €**

2. Justification du niveau de la cote

On constate que, pour les deux emprunts, le cours des obligations est supérieur à leur valeur nominale.

Cela ne peut s'expliquer que par la baisse des taux d'intérêt intervenue depuis l'émission des obligations.

3. OAT (obligations assimilables du Trésor)

Les obligations assimilables sont des obligations présentant les mêmes caractéristiques que des obligations émises antérieurement (mêmes échéances, mêmes coupons, même prix de remboursement) avec lesquelles elles se confondent entièrement. Cela permet de simplifier la gestion comptable et financière des emprunts correspondants.

Si le taux a varié depuis la première émission (en plus ou en moins), le prix d'émission sert de variable d'ajustement (on l'augmente si le taux a diminué, et inversement).

L'État (c'est-à-dire le Trésor public) utilise couramment la technique de l'assimilation.

APPLICATION 5

Rentabilité de l'action Sobodec

1. Actif risqué

Les flux attendus de l'action (dividendes et prix de cession) et déterminant sa rentabilité sont incertains. La rentabilité espérée peut se maintenir, se détériorer ou s'améliorer en fonction de divers facteurs.

2. Taux de rentabilité de l'opération

Prix de revente prévu : 652 × 1,18 = 769,36

Schéma de l'opération

Calcul du taux de rentabilité t

C'est le taux qui assure l'égalité suivante :
$652 = 21\ (1 + t)^{-1} + 790{,}36\ (1 + t)^{-2}$

On touve : t = **11,72 %**

3. Prix d'achat de l'action

Il suffit de remplacer t par 15 % pour trouver le prix d'achat correspondant à ce taux.
$P = 21\ (1{,}15)^{-1} + 790{,}36\ (1{,}15)^{-2}$ = **615,89 €**
À condition d'acheter l'action 615,89 € et que les flux attendus se réalisent, le taux de rentabilité de l'opération s'élèvera à 15 %.

APPLICATION 6

Quels sont les risques ?

1. Résumé des risques attachés à la possession d'une obligation

- **À l'échéance** : défaillance de l'émetteur et perte de tout ou partie du capital prêté.
- **En cours de vie** : la cession peut rencontrer deux problèmes :
  - baisse du cours si les taux d'intérêt ont augmenté ;
  - difficulté à trouver un acquéreur (si le marché de cette obligation est peu liquide).

2. Facteurs déterminant le cours des obligations

Deux facteurs interviennent dans la détermination du cours des obligations :
- *les variations des taux d'intérêt* : on sait que la valeur cotée (sans le coupon couru) diminue en cas de hausse des taux (et inversement). Il s'agit d'un effet automatique (mathématique en quelque sorte) et inévitable. C'est le facteur prépondérant qui affecte toutes les obligations cotées ;
- *l'évolution de la notation* : la notation intervient dès l'émission puisqu'elle est l'un des éléments déterminant le niveau du taux proposé. Ensuite, une dégradation de la note se traduira par une baisse du cours (et inversement).

APPLICATION 7

Prix d'achat de deux obligations

1. Taux nominal des obligations

Les deux obligations ont été émises en N–7 et N–10, à une époque où les taux d'intérêt étaient plus élevés qu'aujourd'hui. Les taux ont été fixés en fonction du niveau des taux exigés pour ce type de titres à l'époque de l'émission.

2. Cours des obligations

Depuis la date d'émission, les taux d'intérêt ont baissé sur le marché obligataire. On sait que le cours des obligations augmente quand les taux diminuent. La baisse ayant été plus marquée pour l'obligation du Crédit Agricole, le cours de cette obligation a connu une augmentation plus marquée car émise à une époque où les taux étaient élevés.

3. Prix d'achat correspondant à un rendement de 4,2 %

Obligation de France Télécom

Montant du coupon d'intérêts annuel (pour 100 €) : 5,40 €

S'il reste 3 ans avant le remboursement et si le remboursement est au pair, on a :

$$P = 5{,}40\ \frac{1 - 1{,}042^{-3}}{0{,}042} + 100\ (1{,}042)^{-3} = \mathbf{103{,}32\ €}$$

Obligation du Crédit Agricole

Montant du coupon d'intérêts annuel (pour 100 €) : 7,70 €

S'il reste 3 ans avant le remboursement et si le remboursement est au pair, on a :

$$P = 7{,}70\ \frac{1 - 1{,}042^{-3}}{0{,}042} + 100\ (1{,}042)^{-3} = \mathbf{109{,}68\ €}$$

Commentaire : La deuxième obligation apporte des coupons plus élevés et il est logique de la payer plus cher.

Dans les deux cas, le rendement obtenu sera de 4,20 %.

APPLICATION 8

Obligation EDF 4,5 %

1. Date d'échéance

L'emprunt sera totalement remboursé le 17.06.N +2.

2. Montant du coupon couru

Il faut calculer le nombre de jours écoulés depuis le dernier versement d'intérêts, soit depuis le 18.06.N compris (le coupon ayant été versé le 17, le calcul redémarre le 18) :

13 + 31 + 31 + 30 + 19 = 124 jours

Coupon couru : $4{,}5 \times \frac{124}{365} = 1{,}529\ \%$

3. Prix d'achat d'une obligation

$\left(\frac{106{,}66 + 1{,}529}{100}\right) \times 1\ 000 = \mathbf{1\ 081{,}89\ €}$

4. Explication de la variation du cours

Le cours est supérieur à 100 %. Cela signifie que les taux d'intérêt ont baissé sur le marché obligataire depuis l'émission de ces obligations.

5. Facteurs influençant l'évolution du cours

- **Facteur principal** : Les taux d'intérêt pratiqués sur le marché financier. Si les taux d'intérêt montent, le cours des obligations baisse (seul ajustement permettant d'offrir la même rentabilité aux investisseurs anciens et nouveaux). Et inversement.
- **Facteur secondaire** : La solvabilité de l'émetteur. Si l'émetteur connaît une situation susceptible de le mettre dans l'incapacité de rembourser tout ou partie des obligations, cela pèsera négativement sur le cours.

APPLICATION 9

À quoi sert l'AMF ?

1. Principales fonctions de l'AMF

- **Fonction réglementaire** : L'AMF encadre les introductions en bourse, les augmentations de capital, les émissions d'emprunts obligataires ainsi que les OPA et OPE. Elle intervient également dans le fonctionnement d'Euronext-Paris.
- **Fonction disciplinaire** : Elle procède à des enquêtes et dispose d'un droit de sanction (amendes...).
- **Fonction d'information du public** : L'AMF a pour mission d'améliorer l'information à destination des investisseurs (présentation des comptes ; application des normes comptables et financières internationales ; encadrement des conseillers en investissement...).

2. But recherché

Une des fonctions de l'AMF consiste à limiter les activités irrégulières ou illicites et à améliorer la transparence des marchés boursiers. Cet objectif n'était pas atteint avec les sanctions existantes pas assez élevées pour être dissuasives.

3. Différence entre délit d'initié et manipulation de cours

Délit d'initié

Il a lieu lorsqu'une personne achète ou vend des valeurs mobilières en se basant sur des informations privilégiées dont les autres ne disposent pas ou pas encore. Il s'agit, en général, des dirigeants ou de personnes proches qui agissent avant qu'une information ne soit rendue publique (lancement d'une OPA, publication de résultats...).

Manipulation de cours

C'est une manœuvre visant à modifier le cours d'une valeur et à induire en erreur les autres investisseurs (diffusion de fausses informations, achat ou vente massive d'un titre pour imposer une tendance...).

• • • • • •

CAS

Portefeuille

1. OAT (obligations assimilables du Trésor)

Définition

Obligations émises par l'État pour se financer, sur des durées de 5 à 50 ans.
Certains emprunts de l'État sont émis par tranches successives avec des conditions identiques (mêmes taux et durée, la valeur nominale servant d'ajustement si les taux du marché ont bougé). Dans ce cas, les obligations sont assimilées, c'est-à-dire considérées ensembles pour la cotation.

Intérêt

Les OAT présentent l'avantage d'une grande liquidité ; étant donné leur volume considérable, elles sont l'objet de négociations permanentes.
Leur risque est considéré comme nul ; en contrepartie, la rémunération proposée reste faible.

2. PER et rendement

Bouygues

PER :

N : $\frac{29,85}{1,73} = 17,25$ N + 1 : $\frac{29,85}{1,78} = 16,77$

Rendement :

N : $\frac{1,60}{29,85} = 5,36\ \%$ N + 1 : $\frac{1,60}{29,85} = 5,36\ \%$

Vinci

PER :

N : $\frac{43,56}{3,48} = 12,52$ N + 1 : $\frac{43,56}{3,67} = 11,87$

Rendement :

N : $\frac{2,21}{43,56} = 5,07\ \%$ N + 1 : $\frac{1,83}{43,56} = 4,20\ \%$

3. Vérification du coupon couru

Le coupon est versé tous les ans le 25.10.

Il faut trouver le nombre de jours entre le 26.10.N et le 23.11.N.

On a : 6 + 23 = 29 jours

Le coupon annuel est de : 100 × 3,75 % = 3,75 €

Coupon couru : $3{,}75 \times \frac{29}{365} = 0{,}298$

4. Niveau des cours des obligations

On sait que les obligations sont cotées en pourcentage du nominal, hors coupon couru. La cote est de 100 % juste après l'émission de l'emprunt. On constate donc que le cours des obligations a nettement augmenté depuis leur émission. Cela s'explique exclusivement par la baisse importante des taux d'intérêt sur les marchés financiers.

5. Niveau de risque du portefeuille

On observe que le portefeuille est essentiellement composé d'actions qui, par définition, présentent un certain niveau de risque. De plus, ces actions appartiennent à des secteurs d'activité voisins (le bâtiment), le risque est donc plus élevé que s'il y avait diversification.

Une grande partie de ce portefeuille est donc soumise à la fois au risque de marché et au risque spécifique.

CHAPITRE

4 Analyse de l'activité et des résultats de l'entreprise

APPLICATION 1

Soldes Bab

1. Calcul des SIG (PCG)

Remarque préalable

La société cumule une activité commerciale et une activité industrielle (ou de services) ; par conséquent, on aura à calculer simultanément une « marge commerciale » et une « production de l'exercice ».

Calcul des soldes

SIG (PCG)	Exercice N
Marchandises vendues	2 840
– Coût d'achat des marchandises vendues (1 100 – 100)	– 1 000
Marge commerciale	**1 840**
Production vendue	2 160
Production stockée	48
Production de l'exercice	**2 208**
Marge commerciale + production de l'exercice	4 048
– Consommations en provenance des tiers (200 – 40 + 250)	– 410
Valeur ajoutée	**3 638**
+ Subventions d'exploitation	10
– Impôts, taxes et versements assimilés	– 58
– Charges de personnel	– 2 500
Excédent brut d'exploitation	**1 090**
+ Reprises	200
– Dotations	– 732
Résultat d'exploitation	**558**

☞

SIG (PCG)	Exercice N
+ Résultat financier (22 – 320)	– 298
Résultat courant avant impôt	**260**
+ Résultat exceptionnel (20 + 50 – 70)	–
– Participation	– 15
– Impôts sur les bénéfices	– 80
Résultat de l'exercice	**165**

2. Retraitements

- **Crédit-bail**

Dotations aux amortissements : 400/5 = 80

Intérêts : 120 – 80 = 40

Charges financières retraitées : 320 + 40 = 360

Dotations retraitées : 732 + 80 = 812

- **Consommations en provenance des tiers :** 410 – 120 – 50 = 240
- **Charges de personnel retraitées :** 2 500 + 50 + 15 = 2 565.

SIG retraités	
Marchandises vendues	2 840
– Coût d'achat des marchandises vendues	– 1 000
Marge commerciale	**1 840**
Production vendue	2 160
Production stockée	48
Production de l'exercice	**2 208**
Marge commerciale + production de l'exercice	4 048
– Consommations en provenance des tiers	– 240
Valeur ajoutée	**3 808**
+ Subventions d'exploitation	10
– Impôts, taxes et versements assimilés	– 58
– Charges de personnel	– 2 565
Excédent brut d'exploitation	**1 195**
+ Reprises	200
– Dotations (732 + 80)	– 812
Résultat d'exploitation	**583**
+ Produits financiers	22
– Charges financières	– 360
Résultat courant avant impôts	**245**
+ Résultat exceptionnel	0
– Impôts sur les bénéfices	– 80
Résultat de l'exercice	**165**

3. CAF

- **CAF (PCG)**

À partir du résultat : 165 + 732 – 200 + 50 – 70 = **677**
À partir de l'EBE : 1 090 – 320 + 22 – 20 – 15 – 80 = **677**

- **CAF retraitée**

Le retraitement de la redevance de crédit-bail a pour conséquence d'augmenter le montant des dotations et modifie la CAF :
CAF retraitée = CAF (PCG) + Dotations crédit-bail = 677 + 80 = **757**

APPLICATION 2

Javax

1. Soldes intermédiaires de gestion

	Ex. N	
Ventes de marchandises	11 820	
Coût d'achat des marchandises vendues	6 600	(6 840 – 240)
Marge commerciale	**5 220**	
Production vendue	96 120	
Production stockée	6 600	
Production immobilisée	1 200	
Production de l'exercice	**103 920**	
Consommations en provenance de tiers	54 960	(39 360 + 14 400 + 1 200)
Valeur ajoutée	**54 180**	(5 220 + 103 920 – 54 960)
Subventions d'exploitation	2 400	
Impôts, taxes et versements assimilés	– 6 000	
Charges de personnel	– 24 000	
Excédent brut d'exploitation	**26 580**	
Reprises	11 100	
Autres produits	1 440	
Dotations aux amortissements et aux provisions	– 13 500	
Autres charges	– 720	
Résultat d'exploitation	**24 900**	
Quotes-parts de résultat sur opérations faites en commun	–	
Produits financiers	3 680	(2 640 + 1 040)
Charges financières	– 4 160	(3 180 + 480 + 500)
Résultat courant avant impôts	**24 420**	

☞

☞

Produits exceptionnels	15 600	(14 400 + 480 + 720)
Charges exceptionnelles	11 640	(2 640 + 3 000 + 6 000)
Résultat exceptionnel	**3 960**	
Participation des salariés	–	
Impôts sur les bénéfices	21 900	
Résultat de l'exercice	**6 480**	(24 420 + 3 960 – 21 900)

2. Calcul de la CAF

Première méthode

• Résultat net :		6 480
• Dotations :	+	16 980
• Valeur comptable des éléments d'actifs cédés :	+	6 000
• Reprises :	–	14 460
• Produits des cessions d'éléments d'actif :	–	14 400
	CAF :	600

Deuxième méthode

• EBE :		26 580
• Autres produits d'exploitation :	+	1 440
• Autres charges de gestion :	–	720
• Charges d'intérêts :	–	3 180
• Charges nettes sur cessions de VMP :	–	500
• Charges exceptionnelles sur opérations de gestion :	–	2 640
• Impôts sur les bénéfices :	–	21 900
• Intérêts perçus :	+	1 040
• Produits exceptionnels sur opérations de gestion :	+	480
	CAF :	600

3. Intérêt de la CAF

La CAF est la trésorerie potentielle dégagée par l'activité courante de l'entreprise au cours d'un exercice.

Il ne s'agit que de ressources potentielles car la CAF ne tient pas compte des délais de paiement ni du financement des nouveaux stocks.

APPLICATION 3

BBX

1. Soldes directement affectés

• **La valeur ajoutée** : Il faut rajouter la redevance de CB et le personnel extérieur qui seront déduits plus loin.

• **L'EBE :** Il faut rajouter la redevance et déduire la participation (qui est regroupée avec les charges de personnel).

• **Le résultat d'exploitation :** Il faut rajouter les intérêts CB qui ne seront enlevés qu'après et retirer la participation.

• **Le résultat courant avant impôt** : Il faut déduire la participation.

2. Calcul des soldes retraités

Dotation crédit-bail = $\frac{15\ 000}{5}$ = 3 000

Soldes	Corrections	Montants
Marge commerciale	inchangé	12 840
Production de l'exercice	inchangé	28 500
Valeur ajoutée	18 710 + 4 400 + 610	23 720
EBE	9 220 + 4 400 – 90	13 530
Résultat d'exploitation	4 980 + 4 400 – 3 000 – 90 =	6 290
Résultat courant	3 550 – 90 =	3 460
Résultat net	inchangé	2 410

APPLICATION 4

SIG et CAF

1. Soldes intermédiaires de gestion (Plan comptable)

	Exercice N	
Ventes de marchandises	235 227	
Coût d'achat des marchandises vendues	189 652	(206 933 – 17 281)
Marge commerciale	**45 575**	
Production vendue	3 888 547	
Production stockée (ou déstockage)	71 935	
Production immobilisée	47 364	
Production de l'exercice	**4 007 846**	
Consommations en provenance de tiers	2 420 845	(1 506 316 – 11 271 + 925 800)
Valeur ajoutée	**1 632 576**	(45 575 + 4 007 846 – 2 420 845)
Subventions d'exploitation	–	
Impôts, taxes et versements assimilés	94 978	
Charges de personnel	1 225 928	(866 212 + 359 716)
Excédent brut d'exploitation	**311 670**	

☞

☞

Reprises	18 253	
Autres produits	5 146	
Dotations aux amortissements et aux provisions	188 540	(187 835 + 705)
Autres charges	2 902	
Résultat d'exploitation	**143 627**	
Quotes-parts de résultat sur opérations faites en commun	–	
Produits financiers	38 114	
Charges financières	90 751	
Résultat courant avant impôts	**90 990**	
Produits exceptionnels	58 357	
Charges exceptionnelles	40 939	
Résultat exceptionnel	**17 418**	
Participation des salariés	–	
Impôts sur les bénéfices	41 992	
Résultat de l'exercice	**66 416**	

2. Calculs de la CAF

Selon le Plan comptable

Résultat :		66 416
DADP :	+	225 607
VCEAC :	+	12 088
Produits des cessions :	–	32 832
Reprises[(1)] : (47 503 – 2 300) =	–	45 203
CAF		**226 076**

EBE :		311 670
Autres produits :	+	5 146
Autres charges :	–	2 902
Produits financiers : (38 114 – 4 458) =	+	33 656
Charges financières : (90 751 – 18 937) =	–	71 814
Prod. exceptionnels : (733 + 2 300) =	+	3 033
Charges exceptionnelles :	–	10 721
IS :	–	41 992
CAF		**226 076**

3. CAF retraitée

• Résultat :		66 416
• DADP : (225 607 + 49 000) =	+	274 607
• VCEAC :	+	12 088
• Produits des cessions :	–	32 832
• Reprises :	–	45 203
CAF		**275 076**

(1) Le transfert de charges exceptionnelles correspond à un produit encaissable (remboursement d'une compagnie d'assurances suite à un sinistre).

Conclusion

La CAF retraitée est majorée du montant de la dotation aux amortissements contenue dans la redevance de crédit-bail (275 076 – 226 076 = 49 000).

APPLICATION 5

Diagnostic pluriannuel

1. Évolution des principaux postes

	N	N-1
Taux de variation des ventes	22,88 %	4,89 %
Taux de variation des charges externes	23,40 %	9,30 %
Taux de variation des charges de personnel	7,81 %	4,92 %
Taux de variation du résultat	400 %	– 66,67 %

2. Calcul des SIG et de la CAF

SIG

	N	N-1	N-2
Ventes de marchandises	1 450	1 180	1 125
– Coût d'achat de marchandises	– 420	– 395	– 350
= *Marge commerciale*	1 030	785	775
– Consommations en provenance des tiers	– 290	– 235	– 215
= *Valeur ajoutée*	740	550	560
– Impôts, taxes et v.a.	25	30	20
– Charges de personnel	345	320	305
= *Excédent brut d'exploitation*	370	200	235
– Dotations	130	110	95
= *Résultat d'exploitation*	240	90	140

CAF (Résultat + dotations)

N ⇒ 100 + 130 = 230
N–1 ⇒ 20 + 110 = 130
N–2 ⇒ 60 + 95 = 155

3. Ratios

	N	N-1	N-2
Taux de marge commerciale	71 %	66,53 %	68,89 %
Charges de personnel/VA	46,62 %	58,18 %	54,46 %
Charges financières/VA	17,57 %	16,36 %	14,29 %
CAF/VA	31,08 %	23,64 %	27,68 %

4. Commentaire

Nous voyons que la société a connu des difficultés en N–1 malgré une hausse de 4,89 % du CAHT. Les charges externes, les dotations et les charges financières ont augmenté plus rapidement que le CAHT et le résultat d'exploitation comme le résultat net ont baissé de façon très importante.

En N, le chiffre d'affaires a progressé de 22,88 %, sans doute à la suite d'investissements financés, notamment, par un emprunt. En effet, on observe en N une augmentation importante des dotations aux amortissements et surtout des charges financières. Le taux de marge commerciale s'est amélioré. L'augmentation des charges externes a été bien maîtrisée ; les charges de personnel n'ont augmenté que de 7,81 % et on peut en déduire que les nouveaux investissements nécessitent peu de personnel. Par conséquent, le résultat s'est redressé de façon spectaculaire et la CAF a nettement augmenté.

Si on examine le partage de la valeur ajoutée, on note que la part bénéficiant au personnel baisse nettement, après une progression en N–1, alors que la part qui revient à l'entreprise (la CAF) a augmenté. On peut en déduire que l'autofinancement s'est renforcé et que la société dispose de ressources plus confortables pour financer son développement futur.

CHAPITRE 5 Analyse fonctionnelle du bilan

APPLICATION 1

Entreprise Semoca

1. Calcul du fonds de roulement net global

FRNG = Ressources durables – Emplois stables

Ressources durables :

- Capital : 500
- Réserves : 100
- Résultat : 60
- Provisions pour risques et charges : 32
- Amortissements et dépréciations de l'actif : 460
- Dettes financières : (820 – 20) = 800

Total : 1 952

Emplois stables :

- Immo. incorporelles : 80
- Immo. corporelles : 1 000
- Immo. financières : 400

Total : 1 480

FRNG = 1 952 – 1 480 = 472

FRNG = 472

FR = Actif circulant (brut) – Dettes d'exp., hors exp., passif trésorerie

Actif circulant (brut) :

- Stocks : 320
- Clients : 180
- Effets à recevoir : 151
- État, impôts sur les bénéfices : 20
- Débiteurs divers : 7
- Disponibilités : 2

Total : 680

Dettes d'exp. et hors exp., passif de trésorerie :

- Fournisseurs : 50
- Effets à payer : 120
- TVA à décaisser : 12
- Créditeurs divers : 6
- Concours bancaires courants : 20

Total : 208

FRNG = 680 – 208 = 472

FRNG = 472

2. Besoin en fonds de roulement et trésorerie

a) Calcul du besoin en fonds de roulement

BFR = Actif circulant sauf trésorerie – Dettes à CT sauf trésorerie

BFR = (680 – 2) – (208 – 20) = 490

BFR = 490

b) Calcul de la trésorerie

Trésorerie = Actif de trésorerie – Passif de trésorerie

T = 2 – 20 = – 18

T = – 18

Trésorerie = FR – BFR = 472 – 490 = – 18

T = – 18

3. Financement du BFR

Schématiquement, on a :

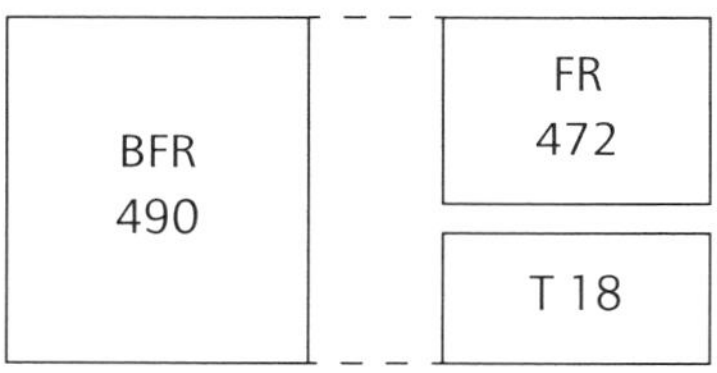

Le BFR est financé :
- par le fonds de roulement (essentiellement),
- par un endettement bancaire (CBC).

4. Décomposition du BFR

BFR = BFR d'exploitation + BFR hors exploitation.

BFRE = ACE – Dettes d'exploitation.

Actif circulant d'exploitation :		*Dettes d'exploitation :*	
• Stocks :	320	• Fournisseurs :	50
• Clients :	180	• Effets à payer :	120
• Effets à recevoir :	151	• TVA à décaisser :	12
	651		182

BFRE = 651 – 182 = 469

BFRE = 469

BFRHE = ACHE – DCTHE

Actif circulant hors exploitation :		*Dettes hors exploitation :*	
• État, impôts sur les bénéfices :	20	• Créditeurs divers :	6
• Débiteurs divers :	7		
	27		

BFRHE = 27 – 6 = 21

Vérification : 469 + 21 = 490 = BFR

APPLICATION 2

Entreprise Ara

1. Calculs

FRNG

FRNG = Ressources durables – Emplois stables

Ressources durables :		*Emplois stables :*	
• Capital :	200	• Immo. incorporelles :	40
• Réserves :	20	• Immo. corporelles :	500
• Résultat :	10	• Immo. financières :	60
• Provisions pour risques et charges :	10		600
• Amortissements et dépréciations de l'actif :	185		
• Dettes financières :	75		
	500		

FRNG = 500 – 600 = – 100

FRNG = – 100

FR = Actif circulant (brut) – Dettes d'exp., hors exp., passif trésorerie

Actif circulant (brut) :		*Dettes d'exp., hors exp. et passif de trésorerie :*	
• Stocks :	500	• Dettes fournisseurs :	650
• Créances d'exploitation :	60	• Dettes fiscales et sociales :	30
• Créances diverses :	10	• Dettes diverses :	5
• VMP :	3		685
• Disponibilités :	12		
	585		

FRNG = 585 – 685 = – 100

FRNG = – 100

Le fonds de roulement est négatif. Cela signifie qu'une partie des immobilisations est financée par des **ressources à court terme**. Une telle situation est **dangereuse**, sauf s'il s'agit d'une **entreprise de distribution**. Dans ce cas, en effet, la plupart des clients règlent au comptant ; par contre, il est possible de régler les fournisseurs à terme. Les dettes fournisseurs constituent un « matelas » important qui peut être assimilé à une ressource permanente.

Calcul du BFR

BFR = Actif circulant **sauf trésorerie** – Dettes CT sauf trésorerie

BFR = (585 – 12) – 685 = – 112

BFR = – 112

Le fait que le BFR soit négatif signifie qu'il s'agit, non pas d'un besoin, mais d'une ressource.

Cette situation est caractéristique des grandes entreprises de distribution. Le fait que les stocks soient importants, les créances clients faibles et les dettes fournisseurs élevées permet de penser qu'il s'agit, en effet, d'une entreprise de ce type.

Calcul de la trésorerie

T = AT – PT = 12 – 0 = 12

T = FR – BFR = – 100 – (– 112) = 12

2. Représentation schématique du bilan

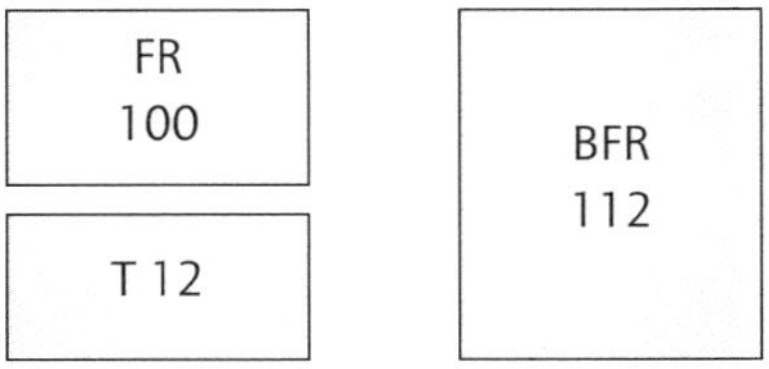

On a un schéma « *inversé* ».
C'est le BFR qui finance
le FR et la trésorerie.

3. Comment est financé le BFR ?

Dans le cas considéré, le BFR **constitue une ressource** ; il n'a donc pas à être financé, au contraire c'est lui qui finance... (voir ci-dessus).

Appréciation d'une telle situation financière : Une telle situation n'est acceptable que dans le cas des entreprises de distribution. Dans tous les autres cas, elle serait alarmante.

APPLICATION 3

Bilan fonctionnel de la société Levim

1. Bilan fonctionnel

Calculs préalables

• Emplois stables (montants bruts) : 13 700

ACE (montants bruts) : 2 000 + 4 500 + 200 + 200 (EENE) = 6 900

ACHE : 900

AT = 1 000 + 800 (VMP) = 1 800

• Ressources durables = capitaux propres + amortissements + dépréciations de l'actif + provisions pour risques et charges + dettes financières (sauf CBC et intérêts courus).

• RD = 9 500 + 400 + 2 600 + 500 + 8 200 – 400 (CBC) – 200 (IC) = 20 600

• DCTE = 1 900 + 300 + 100 – 500[1] (EC) = 1 800

• DCTHE = 100 + 200 (IC) = 300

• PT = 400 (CBC) + 200 (EENE) = 600

(1) L'écart de conversion correspond à une perte de change latente qui a entraîné une augmentation du poste Fournisseurs. Il faut donc le retirer.

Bilan fonctionnel condensé

Emplois stables **ACE** **ACHE** **AT**	13 700 6 900 900 1 800	**Ressources durables** **DCTE** **DCTHE** **PT**	20 600 1 800 300 600
Total	23 300	**Total**	23 300

2. FRNG, BFR et T

FRNG

- 1er calcul

FRNG = Ressources durables - Emplois stables = 20 600 – 13 700 = **6 900**

- 2e calcul

FRNG = (ACE + ACHE + AT) – (DCTE + DCTHE + PT)
= (6 900 + 900 + 1 800) – (1 800 + 300 + 600) = **6 900**
BFRE = ACE – DCTE = 6 900 – 1 800 = 5 100
BFRHE = ACHE – DCTHE = 900 – 300 = 600
Et BFR = BFRE + BFRHE = 5 100 + 600 = **5 700**

Trésorerie

- 1er calcul

T = AT – PT = 1 800 – 600 = **1 200**

- 2e calcul

T = FRNG - BFR = 6 900 - 5 700 = **1 200**

3. Commentaire

On constate que le FRNG est d'un montant suffisant pour financer la totalité du BFR. L'excédent des ressources par rapport aux besoins à financer se retrouve en trésorerie qui est de ce fait positive.

APPLICATION 4

Bilan fonctionnel et commentaire

1. Bilan fonctionnel

Calculs

Actif

- Emplois stables (bruts) : **712 000**
- ACE : 28 000 + 171 000 + 170 000 + 28 000 + 5 000 (ch. const. d'avance) + 12 000 (EENE) – 4 000 (EC) = **410 000**

- ACHE = **46 000**
- AT = 9 000 + 17 000 (VMP) = **26 000**

Passif

- Ressources durables : 331 000 + 398 000 (amort. et dépr.) + 38 000 + (289 000 – 50 000 CBC) – 14 000 (IC) – 7 000 (EC) = **985 000**
- DCTE = 10 000 + 48 000 + 20 000 + 24 000 – 5 000 (EC) = **97 000**
- DCTHE = 31 000 + 14 000 (IC) + 5 000 (EC) = **50 000**
- PT = 50 000 (CBC) + 12 000 (EENE) = **62 000**

Bilan

Actif		Passif	
Emplois stables ACE ACHE AT	712 000 410 000 46 000 26 000	Ressources durables DCTE DCTHE PT	985 000 97 000 50 000 62 000
Total	1 194 000	Total	1 194 000

2. Calculs

- FRNG = 985 000 – 712 000 = **273 000**
- BFRE = 410 000 – 97 000 = **313 000**
- BFRHE = 46 000 – 50 000 = **– 4 000**
- BFR = 313 000 – 4 000 = **309 000**
- T = 273 000 – 309 000 = **– 36 000**
- ou T = 26 000 – 62 000 = **– 36 000**

3. Commentaire

L'excédent des ressources durables sur les besoins à financer stables permet à la société de disposer d'un fonds de roulement assez largement positif. Le montant de ce dernier est cependant insuffisant pour financer le besoin en fonds de roulement et il en résulte une trésorerie négative.

On peut remarquer le niveau élevé des stocks et un poste « Créances clients » très nettement supérieur au poste « Dettes fournisseurs ». La société devra donc essayer d'améliorer ces deux points pour redresser la situation de sa trésorerie, dans la mesure du possible.

APPLICATION 5

Entreprise E

1. À partir du bilan communiqué

Calcul du FRNG

FRNG = Ressources durables – Emplois stables

Ressources durables	
• Capitaux propres :	74 000
• Provisions pour R et C :	2 000
• Autres emp. obligataires :	18 000
• Emprunts et dettes auprès des établissements de crédit : (19 000 – 1 400) =	17 600
• Emprunts et dettes financières divers :	3 000
• Amortissements et dépréciations de l'actif :	45 540
	160 140
Emplois stables	
• Actif immobilisé brut :	140 640
• Charges à répartir sur plusieurs exercices :	1 200
• Primes de remb. obligations :	750
	142 590

FRNG = 160 140 – 142 590 = 17 550

FRNG = (ACE + ACHE + AT) – (DE + DHE + PT)

ACE + ACHE + AT	
• Total II :	127 100
• Écart conversion-actif :	+ 800
	127 900
DE + DHE + PT	
• Avances et acomptes reçus :	1 000
• Dettes fournisseurs :	83 500
• Dettes fiscales et sociales :	20 800
• Autres dettes :	1 650
…	
…	
• Produits constatés d'avance :	700
• Écart de conversion-passif :	1 300
• Concours bancaires courants :	1 400
	110 350

FRNG = 127 900 – 110 350 = 17 550

Calcul du BFR

BFR = (ACE + ACHE) – (DE + DHE)

ACE + ACHE

ACE + ACHE = (ACE + ACHE + AT) – AT = 127 900 – 200 = **127 700**

DE + DHE

DE + DHE = (DE + DHE + PT) – PT = 110 350 – 1 400 = **108 950**

BFR = 127 700 – 108 950 = 18 750

Calcul de la trésorerie

T = AT – PT	T = FRNG – BFR
T = 200 – 1 400 = **– 1 200**	T = 17 550 – 18 750 = **– 1 200**

2. Prise en considération des informations

Calcul du FRNG (1re formule)

Ressources durables	
• Montant précédemment trouvé :	160 140
• Corrections à apporter : intérêts courus sur dettes financières :	– 2 800
	157 340
Emplois stables	
• Montant précédemment trouvé :	142 590
• Correction à apporter : intérêts courus sur prêts :	– 250
	142 340

FRNG = 157 340 – 142 340 = 15 000

Calcul du FRNG (2e formule)

Actif circulant brut	
• Total précédemment trouvé :	127 900
• Correction à apporter :	+ 250
	128 150
DE + DHE + PT	
• Total précédemment trouvé :	110 350
• Corrections à apporter : intérêts courus sur dettes financières :	+ 2 800
	113 150

FRNG = 128 150 – 113 150 = 15 000

Calcul du BFR

ACE + ACHE

• Montant précédemment trouvé :	127 700
• Corrections à apporter :	
– intérêts courus sur prêts :	+ 250
– valeurs mobilières de placement :	– 800
	127 150

DE + DHE

• Montant précédemment trouvé :	108 950
• Corrections à apporter : intérêts courus sur dettes financières :	+ 2 800
	111 750

BFR = 127 150 – 111 750 = 15 400

Calcul de la trésorerie

- AT = 200 + 800 (VMP) = 1 000
- T = AT – PT = 1 000 – 1 400 = – 400
- T = FRNG – BFR = 15 000 – 15 400 = – 400

APPLICATION 6

BFR et trésorerie

1. Détérioration de la trésorerie

Pour simplifier, on peut dire que :

BFR = Stocks + Créances d'exploitation – Dettes d'exploitation

Le besoin en fonds de roulement mobilise des fonds, en principe à moyen et long termes, le fonds de roulement.

Quand il augmente (du fait de l'augmentation des stocks, par exemple), il absorbe encore plus de fonds. Si le fonds de roulement ne bouge pas, il peut s'agir :
- de la trésorerie disponible (qui disparaît au fur et à mesure des besoins) ;
- de dettes à court terme contractées une fois que la trésorerie disponible est épuisée.

Il n'y a alors plus de trésorerie active et la trésorerie passive a augmenté.

2. Solutions

Pour éviter une détérioration de la trésorerie, il faut :
- organiser une surveillance des postes concernés : niveau des stocks, encaissement des créances... La surveillance doit être renforcée dans les périodes de développement ou de ralentissement de l'activité ;
- prendre rapidement les mesures nécessaires (gestion plus rigoureuse des stocks, paiement différé des fournisseurs si possible...).

Si l'activité se développe durablement, il faut procéder à un renforcement du FR à l'aide de financements durables (augmentation de capital...).

CHAPITRE

6 Analyse de la structure financière et de l'équilibre financier

APPLICATION 1

FRNG, BFR et T

1. Le FR est positif (Ressources durables > Emplois stables) et est assez élevé pour financer la totalité du BFR (positif) et dégager une trésorerie positive.

2. Le FR est positif, mais son montant est inférieur à celui du BFR. Par conséquent, une partie du BFR est financée par des concours bancaires courants. La trésorerie est donc négative.

3. Le fonds de roulement est négatif (Ressources durables < Emplois stables) et ne peut financer le BFR. Par conséquent, les concours bancaires courants financent une partie des actifs stables, la totalité du BFR et les disponibilités (s'il y en a). La trésorerie est fortement négative. Cette situation est préoccupante si elle persiste.

4. Le FR est positif. Le BFR est négatif, c'est-à-dire que les dettes à court terme sont supérieures au total stocks + créances à court terme. L'entreprise dispose d'un excédent de liquidités qui permettent de disposer d'une trésorerie confortable.

5. Le FR est négatif ainsi que le BFR. L'entreprise dispose de ressources à court terme (dettes à CT > stocks + créances à CT) qui financent une partie des emplois stables. Ces ressources à court terme étant supérieures à l'insuffisance de FR, l'excédent alimente une trésorerie positive. Cette situation déséquilibrée doit être corrigée.

6. Le FR est largement négatif. Le BFR est également négatif (excédent de ressources à CT), mais pour un montant moindre. Donc, une partie des emplois stables est financée par des ressources à court terme et une autre partie par des concours bancaires courants, d'où une trésorerie négative.

APPLICATION 2

Société A

Retraitement du crédit-bail :

- Fin N :

À l'actif : + 28 000 kE (à ajouter à l'actif immo. brut)
Au passif : + 28 000 kE (à ajouter aux dettes financières)

- Fin N+1 :

À l'actif : + 28 000 k€
Au passif :
– amortissement = $\frac{28\,000 \text{ k€}}{4}$ = 7 000 k€
– dette financière = 28 000 – 7 000 = 21 000 k€

Total des retraitements au passif = 28 000 k€

1. Détermination des fonds de roulement

Utilisons la définition :

FRNG = Ressources durables – Emplois stables

Calculs préalables

	N	N+1
Dettes financières		
Emprunts obligataires convertibles	304 614	192 853
+ Autres emprunts obligataires	510 431	464 273
+ Emprunts et dettes auprès des établissements...	110 485	185 783
- Concours bancaires courants	– 75 000	– 89 000
+ Emprunts et dettes financières divers	564 496	474 775
+ Écart de conversion	43 881	15 984
+ Dette CB	28 000	21 000
	1 486 907	1 265 668
Amortissements et dépréciations de l'actif		
Amortissements	101 607	114 637
+ Dépréciations	250 601	212 555
	352 208	327 192
Immobilisations incorporelles brutes		
Montant net	93 418	90 020
+ Amortissements	16 675	18 769
+ Dépréciations	1 500	1 500
	111 593	110 289

	N	N+1
Immobilisations corporelles brutes		
Montant net	175 824	151 459
+ Amortissements	84 932	95 868
+ Matériel crédit-bail	28 000	28 000
	288 756	275 327
Immobilisations financières brutes		
Montant net	2 516 283	2 949 945
+ Dépréciations	194 557	125 496
	2 710 840	3 075 441

	N	N+1
Ressources durables :		
Capitaux propres	3 750 281	4 081 722
Provisions pour risques et charges	26 222	49 255
Dettes financières(1)	1 486 907	1 265 668
Amortissements et dépréciations de l'actif(2)	352 208	327 192
Amortissement crédit-bail	–	7 000
Total ressources durables	**5 615 618**	**5 730 837**
Emplois stables bruts		
Immobilisations incorporelles(3)	111 593	110 289
Immobilisations corporelles(3)	288 756	275 327
Immobilisations financières(3)	2 710 840	3 075 441
Charges à répartir sur plusieurs ex.	13 227	8 267
Total emplois stables bruts	**3 124 416**	**3 469 324**
FRNG	2 491 202	2 261 513
Variation		**– 9,22 %**

(1) Total des dettes financières figurant au bilan + Écart de conversion – Concours bancaires courants + Dettes CB.
(2) Doivent être calculés à l'aide des tableaux des amortissements et des dépréciations.
(3) Valeurs nettes figurant au bilan + Amortissements, dépréciations et provisions (tableaux correspondants) + valeur brute du crédit-bail (ajoutée au montant brut des immo. corporelles).

Calcul des besoins en fonds de roulement

BFR = Actif circulant brut hors trésorerie – Dettes d'exp. et hors exp.

	N	N+1
Actif circulant brut hors trésorerie :		
Actif circulant net	3 314 133	3 253 697
+ Effets escomptés non échus	18 260	19 350
+ Charges constatées d'avance	5 276	4 410
+ Dépréciations[(1)]	54 544	85 559
+ Écarts de conversion	45 082	16 027
– Actif de trésorerie	– 339 260	– 150 718
	3 098 035	**3 228 325**
Dettes d'exploitation et hors exploitation		
Dettes fournisseurs	165 285	179 856
Dettes fiscales et sociales	273 730	319 359
Dettes sur immobilisations	20 919	20 920
Autres dettes	392 899	488 243
Produits constatés d'avance	–	802
	852 833	**1 009 180**
BFR	2 245 202	2 219 145
Variation		– 1,16 %

(1) 41 + 9 378 + 45 119 + 6 Fin N
14 683 + 65 876 + 5 000 Fin N+1

On peut vérifier la relation :
Trésorerie = FR – BFR = Actif trésorerie – Passif de trésorerie.

	N	N+1
Fonds de roulement	2 491 202	2 261 513
BFR	2 245 202	2 219 145
Trésorerie	**246 000**	**42 368**
Actif de trésorerie	339 260	150 718
Passif de trésorerie (y compris les EENE)	93 260	108 350
Trésorerie	**246 000**	**42 368**

$\Delta T = -203\ 632$

2. Ratio d'autonomie financière

	N	N+1
Ratio d'autonomie financière : $\frac{\text{Dettes financières}}{\text{Capitaux propres}}$	$\frac{1\ 486\ 907}{3\ 750\ 281} = 0{,}396$	$\frac{1\ 265\ 668}{4\ 081\ 722} = 0{,}31$

3. Analyse de l'endettement financier

(Cette question sera traitée à partir des montants retraités.)

Nous calculerons les 2 ratios : $\frac{\text{Endettement financier}}{\text{CAF}}$ et $\frac{\text{Concours bancaires courants}}{\text{Endettement financier}}$

	N	N+1
• *Calcul de la CAF :*		
Résultat de l'exercice	197 051	331 878
Dotations aux A, D et P	+ 84 369(1)	+ 153 631
Dotation CB	–	+ 7 000
Val. compt. élém. d'actif cédés	+ 113 438	+ 80 197
Reprises	– 69 807(2)	– 127 446
Produits cess. d'él. d'actif	– 133 887	– 95 589
CAF	**191 164**	**349 671**
• $\frac{\text{Endettement financier}^{(3)}}{\text{CAF}}$	$\frac{1\ 580\ 167}{191\ 164}$ = **8,27**	$\frac{1\ 374\ 018}{349\ 671}$ = **3,93**
• $\frac{\text{Concours bancaires courants (retraités)}}{\text{Endettement financier}^{(3)}}$	$\frac{93\ 260 \times 100}{1\ 580\ 167}$ = **5,9 %**	$\frac{108\ 350 \times 100}{1\ 374\ 018}$ = **7,89 %**

(1) 84 369 = 40 230 + 6 118 + 673 + 36 218 + 1 130.
(2) 69 807 = 3 797 + 62 751 + 3 259.
(3) Dettes financières + Passif de trésorerie

4. Commentaire

On constate que le FRNG (non modifié du fait du retraitement du crédit-bail) a assez sensiblement diminué. Le BFR a baissé mais dans une moindre proportion, ce qui a pour conséquence une dégradation de la trésorerie.

Le ratio d'autonomie financière, satisfaisant en N, s'améliore encore en N+1.

La rentabilité économique s'est nettement améliorée en N+1. La rentabilité financière a assez fortement augmenté grâce à l'amélioration du résultat.

Enfin, malgré le retraitement du crédit-bail et des effets escomptés non échus (qui aboutissent à l'augmentation de l'endettement global), on remarque une très forte amélioration de la capacité de remboursement. La part des concours bancaires dans l'endettement global a légèrement augmenté du fait de la dégradation de la trésorerie et de la diminution de l'endettement financier.

En conclusion, on peut dire qu'en dépit d'une légère dégradation de l'équilibre financier, la situation financière s'est améliorée.

APPLICATION 3

Entreprise Quo

1. Étude des bilans

Ratio d'automie financière

	N+2	N+1	N
Dettes financières[1]	1 299 420	1 482 185	1 633 300
Ratio d'autonomie financière (CP/D)	1,82	1,59	1,44
(1) Dettes financières = Dettes auprès des établissements de crédit – CBC			

Endettement net

	N+2	N+1	N
Dettes auprès des établissements de crédit	1 800 720	1 802 000	1 884 300
– Actif de trésorerie[1]	– 9 000	– 19 720	– 132 333
Endettement net	1 791 720	1 782 280	1 751 967
(1) Actif de trésorerie = Disponibilités + VMP			

Équilibre financier

Ressources durables	N+2	N+1	N
Capitaux propres	2 367 000	2 361 190	2 354 671
+ Dettes financières	1 299 420	1 482 185	1 633 300
+ Provisions	–	–	–
+ Amortissements et dépréciations de l'actif	2 509 001[1]	2 136 666	1 709 996
Total	6 175 421	5 980 041	5 697 967
(1) 2 187 334 + 90 000 + 198 665 + 33 002 = 2 509 001.			

Emplois stables	N+2	N+1	N
Immobilisations corporelles	4 300 000	4 043 330	4 043 330
Immobilisations financières	423 700	423 700	423 700
Total	4 723 700	4 467 030	4 467 030

	N+2	N+1	N
Ressources durables	6 175 421	5 980 041	5 697 967
– Emplois stables	4 723 700	4 467 030	4 467 030
FRNG	1 451 721	1 513 011	1 230 937

	N+2	N+1	N
Actif circulant brut (sauf trésorerie)			
Actif circulant net	3 997 033	3 652 721	3 326 399
+ Dépréciations	198 665	131 650	60 000
	33 002	25 016	33 333
+ Charges constatées d'avance	72 001	60 103	53 505
– Actif de trésorerie	– 9 000	– 19 720	– 132 333
Total	4 291 701	3 849 777	3 340 984
Dettes à court terme			
Fournisseurs	1 553 200	1 354 000	1 167 300
Dettes fiscales et sociales	67 250	52 000	45 000
Autres dettes	613 730	623 664	569 000
Produits constatés d'avance	113 500	7 000	210 000
Total	2 347 680	2 036 664	1 991 300
BFR	1 944 021	1 813 106	1 349 604

	N+2	N+1	N
FR – BFR = T (Trésorerie nette)	– 492 300	– 300 095	– 118 667
Actif de trésorerie	9 000	19 720	132 333
– Passif de trésorerie	– 501 300	– 319 815	251 000
Trésorerie	– 492 300	– 300 095	– 118 667

2. Étude des comptes de résultat

Activité

	N+1	N+2
Variation du CAHT	– 0,26 %	+ 7,99 %
Variation des matières consommées[1]	+ 0,01 %	+ 5,5 %
Variation des charges de personnel	+ 7,32 %	+ 11,72 %
(1) Achats de matières + Variation du stock de matières		

Valeur ajoutée et EBE

	N+2	N+1	N
Production vendue	13 312 000	12 327 410	12 360 000
Production stockée	422 000	392 335	86 334
Production de l'exercice	**13 734 000**	**12 719 745**	**12 446 334**
– Consommations en provenance des tiers[1]	– 7 585 000	– 7 133 667	– 7 067 336
= **Valeur ajoutée**	**6 149 000**	**5 586 078**	**5 378 998**
– Impôts, taxes et versements assimilés	– 200 000	– 180 000	– 240 000
– Charges de personnel	– 5 187 667	– 4 643 334	– 4 326 667
= **EBE**	**761 333**	**762 744**	**812 331**
(1) Achats de matières + Variation de stock + Autres achats et charges externes			

CAF

	N+2	N+1	N
Résultat de l'exercice	167 000	161 190	154 671
+ Dotations (total)	492 235	439 167	448 000
– Reprises (total)	– 5 000	– 12 497	–
+ VCEAC	–	–	–
– Produits de cession	– 44 200	–	–
= CAF	**610 035**	**587 860**	**602 671**

Profitabilité (Résultat/CAHT)

	N+2	N+1	N
Résultat/CAHT	1,25 %	1,31 %	1,25 %
EBE/CAHT	5,72 %	6,19 %	6,57 %

Partage de la valeur ajoutée

	N+2	N+1	N
Charges de personnel/VA	84,37 %	83,12 %	80,44 %
CAF/VA	9,92 %	10,52 %	11,20 %

3. Commentaire général

L'entreprise a apparemment un peu investi en N+2 (pour environ 257 000) sans emprunter et sans augmenter son capital, donc en prélevant des liquidités sur sa trésorerie qui s'est de ce fait dégradée. Cette dégradation ne s'explique que partiellement par les dépenses d'investissement. On remarque que le BFR a considérablement augmenté en N+1 (+ 34 %), alors que le CAHT a très légèrement diminué. Le FR a également augmenté mais insuffisamment. La hausse du BFR s'est poursuivie en N+2 ; le FR ayant diminué assez nettement, la trésorerie, déjà négative, connaît une forte diminution (elle est négative pour 492 300 fin N+2).

Cette augmentation du BFR est due à la hausse des clients et surtout des stocks (en particulier, en-cours et produits finis). Le stock de produits finis a augmenté de 72 % entre N et N+2, ce qui semble indiquer des problèmes importants quant à l'écoulement de la production.

La structure financière est satisfaisante par rapport à la norme classique ; l'entreprise est peu endettée et, malgré l'augmentation continue des CBC, l'endettement net augmente régulièrement.

L'analyse des comptes de résultat montre une profitabilité faible mais stable sur les trois exercices. Il faut remarquer qu'une partie du résultat de N+2 est due à des produits exceptionnels sans lesquels une baisse importante serait apparue. Si la valeur ajoutée progresse de façon satisfaisante, l'EBE se dégrade nettement en N+1, puis à nouveau très légèrement en N+2. La hausse des charges de personnel, supérieure à celle du CAHT, semble être la cause principale de cette situation.

La CAF a progressé mais essentiellement à cause des dotations en augmentation et des produits exceptionnels de N+2.

En conclusion, la situation de l'entreprise présente deux problèmes principaux : la mauvaise maîtrise du niveau du BFR et une capacité insuffisante à dégager un bénéfice satisfaisant. Les deux problèmes peuvent avoir la même origine : la difficulté à fabriquer des produits dans de bonnes conditions et à les écouler sur le marché. On ne peut que s'interroger sur cette origine : prix trop élevés, mauvaise conjoncture, concurrence accrue... ? Les réponses à ces questions ne se trouvent pas dans les documents comptables.

4. Études complémentaires

L'analyse précédente pourrait être complétée notamment par l'étude des points suivants (ces points sont développés dans le chapitre 7) :

- calcul du seuil de rentabilité ; mais pour cela, il faudrait connaître la répartition des charges (charges variables et charges fixes) ;
- évaluation de la rentabilité économique ;
- étude de l'effet de levier financier.

APPLICATION 4

Ratios de rotation

1. Ratios de rotation

Stock de matières et approvisionnements

- Stock moyen = $\frac{24\,000 + 32\,000}{2} = 28\,000$
- Matières consommées : 252 600 + 24 000 – 32 000 = 244 600
- Durée d'écoulement : $\frac{28\,000 \times 360}{244\,600}$ = **41,21 jours**

Stock de produits finis

- Stock moyen = $\frac{226\,000 + 240\,000}{2} = 233\,000$
- Coût de production des produits finis vendus : 1 242 000 + 226 000 – 240 000 = 1 228 000
- Durée d'écoulement : $\frac{233\,000 \times 360}{1\,228\,000}$ = **68,31 jours**

Clients et comptes rattachés

« Clients » étant un poste TTC, le dénominateur du ratio doit également être TTC.

$$d = \frac{(208\,300 + 39\,500) \times 360}{2\,040\,000 \times 1{,}20} = \textbf{36,44 jours}$$

Fournisseurs et comptes rattachés

« Fournisseurs » étant un poste TTC, le dénominateur du ratio doit également être TTC.

$$d = \frac{59\ 800 \times 360}{x\ (52\ 600 + 180\ 400) \times 1,20} = \mathbf{41,43\ jours}$$

2. Commentaire

Les durées d'écoulement ne paraissent pas excessives pour une entreprise industrielle et la durée du crédit Fournisseurs est supérieure à celle accordée au Clients, ce qui est positif.

Toutefois, on constate une petite dégradation par rapport à l'exercice précédent. La durée d'écoulement des stocks de produits finis a légèrement augmenté, ce qui peut traduire une difficulté à écouler la fabrication. Une augmentation s'est également produite au niveau du stock de matières ; ces dernières restent plus longtemps en stock avant d'être consommées.

La durée du crédit accordé aux clients est un peu plus longue, ce que des difficultés commerciales pourraient expliquer, alors que le crédit obtenu des fournisseurs a diminué. Sans être critique, la situation de l'entreprise a connu une évolution qui justifie un examen plus approfondi et nécessite peut-être des mesures correctives.

APPLICATION 5

Analyse de ratios

Niveau d'activité

Le CAHT a diminué de 16 % en N. Cette baisse, nettement moins forte qu'en N-1, est supérieure à celle constatée pour le secteur d'activité. La société connaît, comme le secteur mais de façon plus marquée, des problèmes en relation avec la qualité de ses produits ou avec leur commercialisation.

Résultats

Le taux de marge commerciale de l'entreprise, bien qu'il se soit amélioré, reste inférieur à celui du secteur d'activité. Ceci s'explique par le fait que l'entreprise a dû réduire ses marges commerciales pour limiter la chute des ventes, à moins qu'elle n'ait pas pu contrôler le coût des marchandises vendues. Malgré cette baisse, la valeur ajoutée de l'entreprise a augmenté de 34 % (passant de 3 727 à 4 990 k€), ce qui montre une bonne maîtrise des charges d'exploitation. Ceci se traduit par un taux de valeur ajoutée (23,5 %) en progression et au-dessus de la moyenne du secteur d'activité pour N.

Structure financière

BFRE

La société a su réduire son BFRE qui ne représente plus que 48 jours de CAHT contre 62 jours en N–1, ce qui est mieux que pour le secteur. Cette amélioration est principalement obtenue grâce à une nette diminution de la durée du crédit aux clients qui reste malgré tout supérieure à celle du secteur d'activité.

La durée de règlement des fournisseurs a également baissé, mais dans une moindre proportion.

Le délai de rotation des stocks s'est détérioré pour atteindre 78 jours (contre 50 jours l'année précédente). Ce délai, supérieur à celui du secteur d'activité, est la résultante des problèmes commerciaux et de la difficulté rencontrée pour écouler les marchandises.

Niveau d'endettement

Le taux d'endettement financier a nettement baissé. L'endettement financier ne représente plus que 33 % des capitaux propres contre 67 % l'année précédente.

Malgré ses difficultés, la société a réduit son endettement dans le courant de l'exercice N et son niveau d'endettement est devenu très inférieur à celui du secteur d'activité.

Passif de trésorerie retraité

Il ne représente plus que 14,5 % du BFRE, soit moins que l'année précédente et moins que le secteur d'activité.

Conclusion

Malgré ses difficultés commerciales, l'entreprise a su maintenir une politique rigoureuse de recouvrement des créances ce qui a permis une diminution du BFRE et un net allégement du passif de trésorerie.

L'endettement financier est très faible et la société dispose d'une capacité d'endettement importante lui permettant de financer des investissements si nécessaire.

Par conséquent, sa principale et quasi seule préoccupation est relative à sa compétitivité commerciale.

CHAPITRE 7

Analyse de la rentabilité, du risque économique et du risque financier

APPLICATION 1

Société Vapa

1. Variations

	Δ en %
Chiffre d'affaires	+ 25 %
– Coût variable	+ 11,1 %
– Coûts fixes	– 9,1 %
Résultat avant impôt	+ 372,73 %

2. Seuils de rentabilité

N-1 ⇒ Taux de marge sur coût variable : 880/1 600 = 0,55

SR = 990/0,55 = **1 800 > 1 600**

N ⇒ Taux de marge sur coût variable : 1 200/2 000 = 0,6

SR = 900/0,6 = **1 500 < 2 000**

3. Analyse de l'évolution

En N–1, le chiffre d'affaires est inférieur au seuil de rentabilité et l'exercice se termine par une perte importante.

En N, le taux de marge sur coût variable s'est amélioré et l'entreprise est parvenue à réduire les charges fixes de 9,1 % ce qui a permis d'abaisser nettement le seuil de rentabilité. Le chiffre d'affaires, qui a progressé de 25 %, se situe très au-dessus de ce seuil ; par conséquent, le résultat s'est redressé de manière spectaculaire.

4. Marge de sécurité et indice de sécurité

	N–1	N
Marge de sécurité (CAHT – SR)	– 200	500
Indice de sécurité (Marge/CAHT)	– 12,5 %	25 %

APPLICATION 2

Entreprise X

1. Taux de rentabilité financière t_f

$$t_f = \frac{210}{2\,000} = \mathbf{10{,}5\ \%}$$

2. Taux de rentabilité économique t_e

Résultat économique (avant impôt) = 1 000 – (285 + 310) = 405

Capitaux investis = 2 000 + 1 500 = 3 500

$$t_e\,(\text{avant IS}) = \frac{405}{3\,500} = 11{,}57\ \%$$

t_e (après IS) = 11,57 % × 2/3 = 7,71 %

3. Autre calcul de la rentabilité financière

On sait qu'il existe une relation entre t_f et t_e :

$t_f = t_e + D/K\,(t_e - i)$ dans laquelle t_e et i sont après impôt.

i après impôt : 6 % × 2/3 = 4%

$$t_f = 7{,}71\ \% + \frac{1\,500}{2\,000}\,(7{,}71\% - 4\ \%) \approx \mathbf{10{,}50\ \%}$$

4. Effet de levier

L'effet de levier correspond au supplément de rentabilité financière obtenu grâce à l'endettement : $D/K\,(t_e - i)$ = 0,75 (7,71 % – 4 %) = 2,78 %.

Avec $D = 0$: on aurait eu une rentabilité financière égale à la rentabilité économique (7,71 %). L'effet de levier étant positif (7,71 % > 4%), l'endettement se traduit par une amélioration de la rentabilité financière.

5. Seuils de rentabilité

Marge sur coût variable = 1 000 – 285 = 715

Taux de marge sur coût variable = 715/1 000 = 0,715

Seuil de rentabilité global

Il tient compte de la totalité des charges fixes (310 + 90 = 400).

$$SR = \frac{400}{0{,}715} \approx 560$$

Seuil de rentabilité d'exploitation

Il ne tient compte que des charges fixes d'exploitation (310).

$$SR = \frac{310}{0{,}715} \approx 434$$

APPLICATION 3

Levier d'exploitation

1. Calcul du levier d'exploitation

Augmentation de 20 % du CAHT

Remarque : Pour les calculs, le résultat d'exploitation sera considéré *avant impôt* (en utilisant un résultat après impôt, on obtiendrait le même résultat).

- **Ancien résultat d'exploitation**

1 420 000 – (358 000 + 3 000 + 232 000 + 422 600 + 27 500 + 85 900) = **291 000**

- **Nouveau résultat d'exploitation**

1 420 000 × 1,2 – (358 000 + 3 000 + 232 000 × 0,8 + 422 600 × 0,8) × 1,2
– 0,2 (232 000 + 422 600) – 27 500 – 85 900 = **398 064**

- **Variation du résultat d'exploitation**

$$\frac{398\ 064 - 291\ 000}{291\ 000} = 0{,}3679 \Rightarrow +36{,}79\ \%$$

(Quand le CAHT augmente de 20%, le résultat d'exploitation augmente de 36,79%.)

- **Levier d'exploitation LE**

$$LE = \frac{+36{,}79\%}{+20\%} = \mathbf{\mathit{1{,}84}}$$

Diminution du CAHT de 10%

- **Ancien résultat d'exploitation** : 291 000

- **Résultat d'exploitation après la baisse du CAHT** :

1 420 000 × 0,9 – (358 000 + 3 000 + 232 000 × 0,8 + 422 600 × 0,8) × 0,9
– (232 000 + 422 600) × 0,2 – 27 500 – 85 900 = **237 468**

- **Variation du résultat d'exploitation**

$$\frac{237\ 468 - 291\ 000}{291\ 000} = -0{,}184 \Rightarrow \mathbf{-18{,}4}\ \%$$

- **Levier d'exploitation**

$$LE = \frac{-18{,}4\%}{-10\%} = \mathbf{1{,}84}$$

Remarque : Il n'existe qu'un seul levier d'exploitation pour une structure de charges donnée.

Calcul du levier d'exploitation indépendamment de toute variation du CAHT

$$LE = \frac{MCV}{RE} = \frac{535\ 320}{291\ 000} = \mathbf{1{,}84}$$

[1 420 000 – 358 000 – 3 000 – (232 000 + 422 600) × 0,8] = 535 320 = Marge/CV

2. Levier d'exploitation à partir du seuil de rentabilité

Seuil de rentabilité

- **Taux de marge sur coûts variables**

M/CV = 1 420 000 – (358 000 + 3 000 + 232 000 × 0,8 + 422 600 × 0,8)
= 535 320 soit 37,7 % du CAHT

- **Seuil de rentabilité**

Σ Charges fixes d'exploitation = (232 000 + 422 600) × 0,2 + 27 500 + 85 900
= 244 320

$$SR = \frac{244\ 320}{0{,}377} = \mathbf{648\ 064}$$

- **Levier d'exploitation**

$$LE = \frac{1\ 420\ 000}{1\ 420\ 000 - 648\ 064} = \mathbf{1{,}84}$$

3. Nouvelles hypothèses

1er calcul

- Marge/CV = 1 420 000 – 361 000 = 1 059 000, soit **74,58 % du CAHT**
- Levier d'exploitation : LE = 1 059 000/291 000 = **3,64**

2e calcul

- Seuil de rentabilité : $SR = \frac{768\ 000}{0{,}7458} = 1\ 029\ 767$
- Levier d'exploitation $LE = \frac{1\ 420\ 000}{1\ 420\ 000 - 1\ 029\ 767} = \mathbf{3{,}64}$

4. Conclusion

On constate que, pour une même entreprise, plus la part des charges fixes dans les charges totales est grande et le seuil de rentabilité important, plus le levier d'exploitation est élevé. Dans ce cas, la sensibilité du résultat d'exploitation à une variation du CAHT est forte.

Quand les charges sont essentiellement variables, l'entreprise dispose d'une capacité de réaction, donc d'une flexibilité, beaucoup plus importante et elle se trouve alors moins exposée au risque d'exploitation.

APPLICATION 4

Société Rentab

1. Définitions

Rentabilité économique :

Taux donnant le rendement des capitaux investis. On l'obtient en rapportant le résultat éco-

nomique au total des capitaux investis obtenu en faisant le total « Capitaux propres + Dettes financières » (ou, ce qui revient au même, « Immobilisations + BFR »).
Le résultat économique correspond généralement au résultat courant, avant déduction des charges financières et net d'impôt. Mais on peut également prendre le résultat d'exploitation net d'IS ou le résultat net hors intérêts après IS.

Rentabilité financière :

Taux mesurant le rendement des capitaux propres. On l'obtient en calculant le rapport Résultat net/Capitaux propres, ces derniers pouvant inclure ou non le résultat de l'exercice.

2. Calcul des rentabilités

Rentabilité économique (après IS)

Capitaux propres de référence : 524 000 – 167 000 = 357 000

Capitaux investis = 357 000 + 283 000 = 640 000

Nous ne connaissons pas le résultat d'exploitation. il faut donc partir du résultat de l'exercice (qui est, rappelons-le, net d'impôt) et rajouter les intérêts (également nets d'impôt).

Intérêts nets d'IS : 21 000 × (1 – 33 1/3 %) = 21 000 × 2/3 = 14 000

Résultat économique : 167 000 + 14 000 = 181 000

D'où : Rentabilité économique (après IS) = $\frac{181\ 000}{640\ 000}$ = **28,28 %**

Rentabilité financière (après IS) = $\frac{167\ 000}{357\ 000}$ = **46,78 %**

3. Explications

On remarque que la rentabilité économique est très supérieure au taux apparent de la dette (21 000/283 000 = 7,42 % avant IS). Par conséquent, on en déduit que l'effet de levier financier a joué favorablement et qu'il explique en partie le niveau élevé de la rentabilité financière.

Il est possible de vérifier cette affirmation par des calculs.

On sait que l'expression de la rentabilité financière en fonction de la rentabilité économique est donnée par la relation suivante (si les taux sont après IS) :

$t_f = t_e + D/K\,(t_e - i)$

t_e et t_f étant après impôt, il faut aussi calculer i après impôt : 7,42 % × 2/3 = 4,95 %

On a alors :

$$t_f = 28{,}28\ \% + \underbrace{\frac{283\ 000}{357\ 000}(28{,}28\ \% - 4{,}95\ \%)}_{\text{Effet de levier financier (18,49 \%)}} = \mathbf{46{,}77\ \%}$$

On a bien retrouvé le taux calculé plus haut.

APPLICATION 5

Effet de levier financier

1. Résultat économique net d'IS

On sait que $t_e = \frac{RE}{K + D} \Rightarrow RE = t_e(K + D) = 0{,}1(10\,000 + 8\,000) = \mathbf{1\,800\ k€}$

Résultat économique avant IS

Résultat avant IS : $1\,800 \times \frac{3}{2} = \mathbf{2\,700\ k€}$

Résultat net

Taux d'intérêt avant prise en compte de l'aspect fiscal : $4\ \% \times \frac{3}{2} = 6\ \%$

Résultat net : $(2\,700 - 6\ \% \times 8\,000) \times \frac{2}{3} = \mathbf{1\,480\ k€}$

OU résultat net : $1\,800 - 4\ \% \times 8\,000 = \mathbf{1\,480\ k€}$

2. Taux de rentabilité financière t_f

$t_f = \frac{\text{Résultat net}}{K} = \frac{1\,480}{10\,000} = \mathbf{14{,}8\ \%}$

Si on avait $D = 0$, on aurait $t_f = t_e = 10\ \%$

3. Effet de levier

Il est positif puisque la rentabilité financière de la société est de 14,8 % (> 10 %, en cas de non-endettement).

Levier = $\frac{D}{K} = \frac{8\,000}{10\,000} = \mathbf{0{,}8}$

$t_f = t_e + \frac{D}{K}(t_e - i) = 0{,}1 + 0{,}8\,(0{,}1 - 0{,}04) = \mathbf{14{,}8\ \%}$

Effet de levier = 14,8 % – 10 % = + 4,8 %

4. Effet de levier si D/K = 1,5

Dans ce cas, l'endettement est de : $\frac{D}{10\,000} = 1{,}5 \Rightarrow D = 1{,}5K = \mathbf{15\,000}$

Effet de levier = 1,5 (0,1 – 0,04) = **0,09 ou 9 %**

Taux de rentabilité financière = 10 % + 9 % = **19 %**

APPLICATION 6

Varanian

1. Mesures

- Mesures pour aboutir à une réduction des charges fixes :
  - appel à du personnel intérimaire ;
  - réalisation de certaines opérations par des sous-traitants ;
  - réduction de l'endettement ou des découverts bancaires ;
  - économies sur des postes correspondant à des charges fixes...
- Cet objectif correspond à une stratégie de flexibilité.

2. Seuils de rentabilité

D'exploitation (on ne tient compte que des charges d'exploitation) :

- Avant ⇒ $SR_e = \dfrac{\text{CF d'exploitation}}{\text{Marge sur coûts variables}}$ Charges fixes = 800 000

Marge sur CV = 1 200 000 et Taux de marge sur CV = $\dfrac{1\,200\,000}{2\,000\,000} = 0{,}6$

$$SR_e = \frac{1\,000\,000 - 40\,000}{0{,}6} = \mathbf{1\,600\,000}$$

- Après ⇒ Marge sur CV = 940 000 et Taux de marge sur CV = $\dfrac{940\,000}{2\,000\,000} = 0{,}47$

Charges fixes = 740 000

$$SR_e = \frac{740\,000 - 40\,000}{0{,}47} = \mathbf{1\,489\,362}$$

Complets :

- Avant ⇒ $SR_e = \dfrac{1\,000\,000}{0{,}6} = \mathbf{1\,666\,667}$
- Après ⇒ $SR_e = \dfrac{740\,000}{0{,}47} = \mathbf{1\,574\,469}$

Commentaire

On constate que, pour un même niveau d'activité :

- plus les charges fixes sont importantes, plus le niveau du seuil de rentabilité est élevé (donc plus difficile à atteindre) ;
- les charges financières alourdissent les charges fixes et contribuent à élever le niveau du seuil de rentabilité.

3. Levier d'exploitation

Pour calculer le levier, on fera l'hypothèse d'une hausse de 10 % du chiffre d'affaires.

- Avant ⇒ Résultat d'exploitation :

2 000 000 – 800 000 – (1 000 000 – 40 000) = 240 000

Si augmentation de 10 % : 2 200 000 – 880 000 – 960 000 = 360 000,

soit une augmentation de $\frac{120\ 000}{240\ 000} = 0,5$ (50 %)

$$LE = \frac{0,5}{0,1} = 5$$

• Après ⇒ Résultat d'exploitation :
2 000 000 – 1 060 000 – (740 000 – 40 000) = 240 000
Si augmentation de 10 % : 2 200 000 – 1 166 000 – 700 000 = 334 000.

soit une augmentation de $\frac{94\ 000}{240\ 000} = 0,3917$ (39,17 %)

$$LE = \frac{0,3917}{0,1} = 3,92$$

Vérification à partir du seuil de rentabilité : $LE = \frac{CAHT}{CAHT - SR_e}$

• Avant ⇒ $\frac{2\ 000\ 000}{2\ 000\ 000 - 1\ 600\ 000} = 5$

• Après ⇒ $\frac{2\ 000\ 000}{2\ 000\ 000 - 1\ 489\ 362} = 3,92$

Commentaire : La réduction des charges fixes s'est bien traduite par un abaissement du levier d'exploitation. La société a diminué son niveau de risque économique.

APPLICATION 7

Levier financier et endettement net

1. Capitaux investis = Actif économique

Endettement net = Dettes financières – Actif de trésorerie (y compris les VMP facilement négociables)
= 6 500 – 2 000 = 4 500

BFR = (6 000 + 800) – (5 700 + 800) = 300

On peut présenter le bilan sur la base des ces éléments :

Actif immobilisé net	12 700	Capitaux propres	8 500
BFR	300	Endettement net	4 500
	13 000		13 000

On a bien : Capitaux investis (Capitaux propres + Endettement net) = Actif économique (Actif immobilisé + BFR).

Utiliser la notion d'endettement net permet de ne plus avoir de trésorerie à l'actif, poste gênant pour certains calculs.

2. Effet de levier

Deux possibilités pour savoir si l'effet de levier est favorable

1) Comparer la rentabilité économique et le taux de l'endettement.

Faisons cette comparaison avec des éléments avant IS :

Taux de rentabilité économique : $\frac{2\,260}{13\,000} = 17{,}38\ \%$

2) Comparer le taux de rentabilité financière et le taux de rentabilité économique après IS :

Taux de rentabilité financière = $\frac{1\,334}{8\,500} = 15{,}69\ \%$

Taux de rentabilité économique après impôt : $17{,}38\ \% \times \frac{2}{3} = 11{,}59\ \%$

Le taux de rentabilité financière est supérieur à ce qu'il aurait été sans endettement (on sait que $t_f = t_e$, en l'absence d'endettement). On a 15,69 % > 11,59 % ; donc l'endettement a eu un impact positif sur la rentabilité financière.

Montant de l'effet de levier

C'est le supplément de rentabilité financière dû à l'endettement :

15,69 % – 11,59 % = **4,10 %**

3. Vérification

Calculs préalables

Charges financières : 6 500 × 4,6 % =	299
Produits financiers : 2 000 × 2 % =	– 40
Charges d'intérêts nettes :	259

Taux moyen de l'endettement net : $\frac{259}{4\,500} = 5{,}76\ \%$

Taux moyen après IS : 5,76 % × 2/3 = 3,84 %

Application de la formule de l'effet de levier

$$\frac{D}{K}(t_e - i) = \frac{4\,500}{8\,500}(11{,}59\ \% - 3{,}84\ \%) \approx \mathbf{4{,}10\ \%}$$

Commentaire : En raisonnant sur la base de l'endettement net, il est possible de calculer l'effet de levier financier.

4. Croissance du CAHT

Si le CAHT augmente de 20 %, le résultat d'exploitation augmente de : 2 × 20 % = 40 % ; par conséquent, la rentabilité économique s'améliore.

Elle est de :

- Avant impôt : 17,38 % × 1,4 = 24,33 %
- Après impôt : 24,33 % × 2/3 = 16,22 %

Le résultat net augmente également et l'effet de levier est renforcé :

$$\frac{D}{K}(t_e - i) = \frac{4\,500}{8\,500}(16{,}22\ \% - 3{,}84\ \%) \approx \mathbf{6{,}55\ \%}$$

CHAPITRE 8 Le tableau de financement

APPLICATION 1

Société Simplex

1. Tableau de financement

Calcul de la CAF

• Résultat de l'exercice :		480	(Bilan)
• Dotations aux amortissements :	+	1 080	(Tableau des amortissements)
• Dotations aux dépréciations et provisions :	+	164	(Tableau des dépréciations et des provisions)
• Reprises :	–	156	(Tableau des dépréciations et des provisions)
• Valeur comptable des éléments d'actif cédés : (344 – 284) =	+	60	(Tableau des immobilisations et des amortissements)
• Produits des cessions d'éléments d'actif :	–	75	(Renseignements complémentaires)
• Quote-part des subventions virée au compte de résultat :	–	12	(Bilans)
CAF		1 541	

Tableau (1re partie)

Emplois		Ressources	
Distributions mises en paiement au cours de l'exercice	400*	Capacité d'autofinancement de l'exercice	1 541
Acquisitions d'éléments de l'actif immob. :		Cessions ou réductions d'éléments de l'actif immobilisé :	
• Immobilisations corporelles	1 770	• Cessions d'immobilisations corporelles	75
• Immobilisations financières	1 800	• Cessions ou réductions d'immobilisations financières	15
Remboursement de dettes financières	520	Augmentation des dettes financières	1 920
Total des emplois	4 490	Total des ressources	3 551
		Variation du fonds de roulement net (emploi net)	**939**

** Résultat N–1 – Δ Réserves = 430 – (362,75 – 332,75) = 400.*

Tableau (2e partie)

Variation du fonds de roulement net global	Besoins (1)	Dégagements (2)	Soldes (2) – (1)
Variations « Exploitation »			
Variations des actifs d'exploitation :			
Stocks		5	
Créances clients	180		
Variation des dettes d'exploitation :			
Dettes fournisseurs	220		
Dettes fiscales et sociales		287	
Totaux	400	292	
A. Variation nette « Exploitation »			– 108
Variations « Hors exploitation » :			
Variations des autres débiteurs		**220**	
Variations des autres créditeurs		**268**	
Totaux	–	**488**	
B. Variation nette « Hors exploitation »			**+ 488**
A + B : Dégagement net de fonds de roulement dans l'exercice			**+ 380**
Variations « Trésorerie »			
Variations des disponibilités		559	
Variations des concours bancaires courants	–	–	
Totaux	–	559	
C. Variation nette « Trésorerie »			**+ 559**
A + B + C : Variation du fonds de roulement net global (ressource nette)			**939**

2. Détermination des fonds de roulement

	N – 1	N
Ressources durables	19 732	22 004
Emplois stables	17 650	20 861
FRNG	**2 082**	**1 143**
Actif circulant brut	3 995	3 391
Dettes d'expl., hors expl. et passif de trésorerie	1 913	2 248
FRNG	**2 082**	**1 143**
	ΔFRNG = –939	

APPLICATION 2

Société BX

1. Élaboration des tableaux

TABLEAU DES IMMOBILISATIONS				
Éléments	Valeurs brutes Fin (N–1)	Augmentations	Diminutions	Valeurs brutes Fin N
Frais d'établissement	600 000	200 000	–	800 000
Terrains	3 500 000	–	–	3 500 000
Constructions	4 200 000	1 450 000	–	5 650 000
Installations techniques	1 200 000	420 000	250 000	1 370 000
Autres immobilisations corporelles	2 600 000	570 000	400 000	2 770 000
Participations	120 000	140 000	–	260 000
Prêts	58 000	20 000	8 000	70 000
Autres immobilisations financières	40 000	75 000	27 000	88 000
	12 318 000	2 875 000	685 000	14 508 000

TABLEAU DES AMORTISSEMENTS				
Éléments	Amortis-sements Fin (N–1)	Dotations N	Diminutions (cessions N)	Amortis-sements Fin N
Frais d'établissement	300 000	120 000	–	420 000
Constructions	1 356 000	232 000	–	1 588 000
Installations techniques	540 000	380 000	175 000	745 000
Autres immobilisations corporelles	920 000	350 000	130 000	1 140 000
	3 116 000	1 082 000	305 000	3 893 000

TABLEAU DES DÉPRÉCIATIONS				
Éléments	Dépré-ciations Fin (N–1)	Dotations N	Reprises N	Dépré-ciations Fin N
Participations	22 000	13 000	–	35 000
Stocks matières	95 000	15 000	–	110 000
Clients	72 000	36 000	–	108 000
VMP	9 800	–	2 500	7 300
	198 000	64 000	2 500	260 300

TABLEAU DES PROVISIONS				
Éléments	Provisions Fin (N–1)	Dotations N	Reprises N	Provisions Fin N
Provisions pour risques	50 000	70 000	–	120 000

2. Calcul de la capacité d'autofinancement

Résultat de l'exercice :	670 000
+ Dotations aux amortissements :	+ 1 082 000
+ Dotations aux dépréciations et provisions :	+ 134 000
– Reprises sur dépréciations et provisions :	– 2 500
+ Valeur compt. des éléments d'actif cédés : (75 000 + 270 000) =	+ 345 000
– Produits des cessions d'éléments d'actif :	– 340 000
– Subvention d'investissement :	– 30 000
	1 858 500

Calcul de l'augmentation des dettes financières

	DN–1	Augmentation	Remboursement	DN
Emprunts auprès des établiss. de crédit	3 878 200	–	–	3 131 700
+ Dettes financières diverses	1 752 000	–	–	1 820 000
– Concours bancaires courants	– 1 878 200	–	–	– 231 700
	3 752 000	1 818 000	850 000 (1)	4 720 000
(1) 850 000 = 2 728 200 – 1 878 200 (Bilan N–1)				

Augmentation du capital (détail)

Augmentation nominale :	3 000 000
– Partie non appelée :	– 1 250 000
	1 750 000
– Incorporation réserve facultative :	– 500 000
+ Prime d'émission :	550 000
	1 800 000

3. Tableaux de financement en compte (I) et (II)

TABLEAU DE FINANCEMENT EN COMPTE (I)			
Emplois	**Exercice N**	**Ressources**	**Exercice N**
Distributions mises en paiement au cours de l'exercice (bilan N–1)	290 000	Capacité d'autofinancement de l'exercice	1 858 500
Acquisitions d'éléments de l'actif immobilisé :		Cessions ou réductions d'éléments de l'actif immobilisé :	
		Cessions d'immobilisations :	
Immobilisations incorporelles	200 000	– incorporelles	
Immobilisations corporelles	2 440 000	– corporelles 250 000 + 90 000	340 000
Immobilisations financières	235 000	Cessions ou réductions d'immobilisations financières (8 000 + 27 000)	35 000

☞

Emplois	Exercice N	Ressources	Exercice N
Charges à répartir sur plusieurs exercices (1)		Augmentation des capitaux propres :	
Réduction des capitaux propres (réduction de capital, retraits)		• Augmentation de capital ou apports	1 800 000
		• Augmentation des autres capitaux propres	
Remboursements de dettes financières (2)	850 000	Augmentation des dettes financières (2) (3)	1 818 000
Total des emplois	4 015 000	Total des ressources	5 851 500
Variation du fonds de roulement net global (ressource nette)	1 836 500	Variation du fonds de roulement net global (emploi net)	

(1) Montant brut transféré au cours de l'exercice.
(2) Sauf concours bancaires et soldes créditeurs de banques.
(3) Hors primes de remboursement des obligations.

TABLEAU DE FINANCEMENT EN COMPTE (II)

Variation du fonds de roulement net global	Exercice N		
	Besoins 1	Dégagement 2	Solde 2 – 1
VARIATIONS « EXPLOITATION »			
Variations des actifs d'exploitation :			
Stocks et en-cours	450 000		
Avances et acomptes versés sur commandes		94 000	
Créances clients, comptes rattachés et autres créances d'exploitation (1)	110 000		
Variations des dettes d'exploitation :			
Avances et acomptes reçus sur commandes en cours	35 000		
Dettes fournisseurs, comptes rattachés et autres dettes d'exploitation (2)		207 000	
Totaux	595 000	301 000	
A. Variation nette « Exploitation » (3)			– 294 000
VARIATIONS « HORS EXPLOITATION »			
Variations des autres débiteurs (1) (4)		52 000	
Variations des autres créditeurs (2)		102 000	
Totaux		154 000	
B. Variation nette « Hors Exploitation » (3)			+ 154 000
TOTAL A + B : Besoins de l'exercice en fonds de roulement ou Dégagement net de fonds de roulement dans l'exercice			– 140 000

Variation du fonds de roulement net global	Exercice N Besoins 1	 Dégagement 2	 Solde 2 – 1
VARIATIONS « TRÉSORERIE »			
Variations des disponibilités	50 000		
Variations des concours bancaires courants et soldes créditeurs de banques	1 646 500		
Totaux	1 696 500		
C. Variation nette « Trésorerie » (3)			– 1 696 500
Variation du fonds de roulement net global (TOTAL A + B + C) : Emploi net ou Ressource nette			**– 1 836 500**

(1) Y compris charges constatées d'avance selon leur affectation à l'exploitation ou non.
(2) Y compris produits constatés d'avance selon leur affectation à l'exploitation ou non.
(3) Les montants sont assortis du signe (+) lorsque les dégagements l'emportent sur les besoins et du signe (–) dans le cas contraire.
(4) Y compris valeurs mobilières de placement.

4. Calcul des fonds de roulement

	N–1	N
Capitaux propres	5 332 000	9 022 000
Dividendes	290 000	–
– Partie non appelée Capital	–	– 1 250 000
Provision pour risques et charges	50 000	120 000
Dettes financières	3 752 000	4 720 000
Amortissements, dépréciations et provisions	3 314 800	4 153 000
Ressources durables	12 738 800	16 765 300
Emplois stables	12 318 000	14 508 000
FRNG	420 800	2 257 300
Variation du fonds de roulement net global : **+ 1 836 500**		

5. Commentaires

L'entreprise a disposé courant N de trois grandes catégories de ressources financières :
- la capacité d'autofinancement ;
- l'augmentation de capital en numéraire ;
- l'augmentation des dettes financières stables autorisée par l'augmentation des capitaux propres.

Cet accroissement des ressources a permis notamment de réaliser de nouveaux investissements (principalement corporels) et d'accroître sensiblement le fonds de roulement net global de l'entreprise.

Le besoin en fonds de roulement stagne (accroissement des stocks et créances clients compensés notamment par la progression des dettes fournisseurs et une diminution du besoin hors exploitation), d'où une amélioration de la situation de trésorerie qui se traduit par une forte diminution des concours bancaires courants.

APPLICATION 3

SA Bankiz

1. Tableau des soldes intermédiaires de gestion

Retraitement du crédit-bail :

- Dotation aux amortissements : $\frac{500\,000}{5} = 100\,000$
- Charges financières : 140 000 – 100 000 = 40 000

	Exercice N
Production vendue	20 087 47
Production stockée (ou déstockage)	0
Production immobilisée	85 000
Production de l'exercice	20 172 470
Consommations en provenance de tiers (12 972 320 – 140 000[1])	12 832 320
Valeur ajoutée	7 340 150
Subventions d'exploitation	
Impôts, taxes et versements assimilés	200 100
Charges de personnel	5 598 070
Excédent brut d'exploitation	1 541 980
Reprises et transferts de charges	94 300
Autres produits	5 800
Dotations aux amortissements, aux dépréciations et aux provisions	941 700
841 700 + 100 000 (CB)	
Autres charges	74 200
Résultat d'exploitation	626 180
Quotes-parts de résultat sur opérations faites en commun	
Produits financiers	28 500
Charges financières 128 300 + 40 000 (CB)	168 300
Résultat courant avant impôts	486 380
Produits exceptionnels	125 000
Charges exceptionnelles	190 500
Résultat exceptionnel	– 65 500
Participation des salariés	
Impôts sur les bénéfices	212 900
Résultat de l'exercice	207 980
(1) 140 000 : redevance CB.	

2. Tableau de financement

Calcul de la CAF

• Résultat de l'exercice :	207 980
• DAP : (632 800 + 206 900 + 50 000 amort. charges à répartir + 100 000 CB) =	989 700
• Valeur compt. des éléments d'actif cédés :	130 000
• Produits des cessions :	– 105 000
• Reprises : (94 300 + 10 000) =	– 104 300
• Quote-part de subventions :	– 20 000
CAF :	**1 098 380**

TABLEAU DE FINANCEMENT (I)			
Emplois	**Exercice N**	**Ressources**	**Exercice N**
Distributions mises en paiement au cours de l'exercice (bilan)	180 000	Capacité d'autofinancement de l'exercice	1 098 380
Acquisitions d'éléments de l'actif immobilisé :		Cessions ou réductions d'éléments de l'actif immobilisé :	
Immobilisations incorporelles	398 000	Cessions d'immobilisations :	
Immobilisations corporelles	1 401 000 (1)	– incorporelles	
Immobilisations financières	29 000 (2)	– corporelles	63 000
Charges à répartir sur plusieurs exercices		Cessions ou réductions d'immobilisations financières	117 000 (1)
Réduction des capitaux propres (réduction de capital, retraits)		Augmentation des capitaux propres :	162 500 (2)
Remboursements de dettes	478 910 (3)	Augmentation de capital ou apports	–
		Augmentation des autres	945 600 (3)
Total des emplois	2 486 910	Total des ressources	2 386 480
Variation du fonds de roulement net global (ressource nette)		Variation du fonds de roulement net global (emploi net)	**100 430**

(1) Aux augmentations données dans le tableau des immobilisations, il faut déduire les avances et acomptes (150 000).

(2) Il faut déduire les intérêts courus.

(3) 378 910 + 100 000 (crédit-bail).

(1) 117 000 = 42 000 + 75 000 (prêts).

(2) 162 500 = 130 000 + 32 500 (prime d'émission).

(3) On applique la relation :
$D_N = D_{N-1}$ + Augmentations – Remboursements
avec :
D_N = (1 080 590 – 138 000) + (176 100 – 4 000) + 300 000 (CB) = 1 414 690
D_{N-1} = (520 000 – 80 000) + 108 000 + 400 000 (CB) = 948 000
Remboursements = 378 910 + 100 000 = 478 910
d'où : Augmentations = 945 600.

TABLEAU DE FINANCEMENT EN COMPTE (II)			
Variation du fonds de roulement net global	**Exercice N**		
	Besoins 1	**Dégagement 2**	**Solde 2 − 1**
VARIATION « EXPLOITATION »			
Variations des actifs d'exploitation :			
Stocks et en-cours	73 000		
Avances et acomptes versés sur commandes	170 000		
Créances clients, comptes rattachés et autres créances d'exploitation	76 800 (1)		
Variations des dettes d'exploitation :			
Avances et acomptes reçus sur commandes en cours	20 000		
Dettes fournisseurs, comptes rattachés et autres dettes d'exploitation		177 940	
Totaux	339 800	177 940	
A. Variation nette « Exploitation »			− 161 860
VARIATIONS « HORS EXPLOITATION »			
Variations des autres débiteurs		30 000 (2)	
Variations des autres créditeurs		170 990 (3)	
Totaux	–	200 990	
B. Variation nette « Hors exploitation »			200 990
TOTAL A + B : Besoins de l'exercice en fonds de roulement ou Dégagement net de fonds de roulement dans l'exercice			39 130
VARIATIONS « TRÉSORERIE »			
Variations des disponibilités	26 700		
Variations des concours bancaires courants et soldes créditeurs de banques		88 000 (4)	
Totaux	26 700	88 000	
C. Variation nette « Trésorerie »			61 300
Variations du fonds de roulement net global (TOTAL A + B + C) : Emploi net ou Ressource nette			**100 430**

(1)

	N–1	*N*
Créances clients	*982 000*	*998 900*
Autres	*135 000*	*170 600*
Ch. const. d'avance	*56 000*	*49 300*
Effets esc. et non échus	*50 000*	*80 000*
		1 000 (écart de conversion)
	1 223 000	*1 299 800*

(2) 30 000 + 3 000 (intérêt courus) − 63 000.

(3) Il faut tenir compte des intérêts courus (4 000).

(4) Il faut tenir compte des effets escomptés et non échus (138 000 + 80 000) − (80 000 + 5 000) = + 88 000

APPLICATION 4

Commentaire

1. Calcul des variations du FRNG

L'objectif du tableau de financement est de calculer et d'expliquer, en fin d'exercice, la variation du FRNG par rapport à la fin de l'exercice précédent.

Δ FRNG = Ressources durables dégagées pendant l'exercice
– Emplois stables effectués au cours de l'exercice.

N $\Rightarrow$ 525 000 – 370 000 = **+ 155 000 (augmentation du FRNG)**

N–1 $\Rightarrow$ **1 250 000 – 1 370 000 = – 120 000 (diminution du FRNG)**

2. Signification des soldes de la 2e partie

On sait que, dans la présentation traditionnelle, les signes sont inversés. Par conséquent, un signe « moins » correspond à une augmentation et inversement.

Soldes N

- A (variation du BFRE) : Le BFRE a augmenté de 40 000 k€, ce qui est logique puisque l'activité a augmenté.
- B (variation du BFHE) : Le BFRHE a légèrement diminué par rapport à l'exercice précédent.
- C (Variation de la trésorerie) : On constate une augmentation significative.

Soldes N–1

- A (variation du BFRE) : Le BFRE a diminué 10 000 k€.
- B (variation du BFHE) : Le BFRHE a nettement augmenté par rapport à l'exercice précédent.
- C (Variation de la trésorerie) : On constate une forte diminution.

3. Commentaire général

Investissement et financement relatifs à l'exercice N–1

La société a procédé à de gros investissements en N–1. Il s'agit essentiellement d'immobilisations corporelles ; la stratégie retenue est celle du développement interne.

Pour financer ces investissements, la société a utilisé l'autofinancement de l'exercice (470 000) et des produits provenant de la cession d'anciennes immobilisations corporelles.

Le montant ainsi obtenu étant insuffisant, elle a dû faire appel à des financements externes : une augmentation de capital en numéraire complétée par un emprunt.

Le total des ressources reste insuffisant pour assurer le financement des investissements ainsi que le paiement des dividendes et le remboursement des emprunts. Il en résulte une diminution assez importante du FRNG.

Comme le BFR a augmenté cette même année, l'ajustement s'est traduit par une nette baisse de la trésorerie.

Évolution en N

En N, la société a peu investi, mais les remboursements de dettes financières ont beaucoup augmenté, ce qui est logique compte tenu de l'emprunt contracté en N–1.

La CAF a également augmenté (d'un peu plus de 10 %), mais peut-être moins que l'on aurait pu l'espérer compte tenu de l'ampleur des investissements. N est peut-être une année transitoire au cours de laquelle la rentabilité des investissements ne s'est pas encore pleinement manifestée.

Les ressources obtenues excèdent les emplois réalisés et le FRNG connaît une nette augmentation. De son côté, le BFR augmente, mais moins que le FRNG. Par conséquent, on constate une nette amélioration de la trésorerie.

En conclusion, on peut dire qu'après avoir réalisé un programme d'investissements important, la société a contrôlé l'augmentation du BFR et restauré sa trésorerie mais n'a pas encore totalement bénéficié des investissements réalisés.

CHAPITRE 9 Les flux de trésorerie

APPLICATION 1

Entreprise Palas

1. Variation du BFRE : ΔBFRE

Δ BFRE = ΔStocks + ΔCréances d'exploitation – ΔDettes d'exploitation.

- **Calcul de ΔStocks**

Variation des stocks de marchandises ($S_i - S_f = 20$, d'où $S_f - S_i = -20$)	– 20 *(diminution)*
Variation des stocks d'approvisionnement ($S_i - S_f = -10$, d'où $S_f - S_i = 10$)	+ 10 *(augmentation)*
ΔStocks	– 10

- **ΔBFRE** = – 10 + 130 – (– 20) = 140.

ΔBFRE = 140

2. Variation du BFR : ΔBFR

ΔBFR = ΔBFRE + ΔBFRHE

ΔBFR = 140 + 5 = 145

ΔBFR = 145

3. Calcul de l'ETE à partir de l'EBE

Calcul à partir de l'EBE

ETE = EBE – ΔBFRE

Calcul de l'EBE

• Ventes de marchandises :	1 425
• Coût d'achat des marchandises vendues :	– 420
Marge commerciale :	1 005
• Consommations de l'exercice en provenance des tiers :	– 200
Valeur ajoutée :	805
• Impôts, taxes et versements assimilés :	– 12
• Charges de personnel :	– 500
EBE :	**293**

D'où :
ETE = 293 − 140 = 153

ETE = 153

4. Calcul de l'ETE à partir des encaissements et décaissements TTC

Ventes de marchandises TTC : 1 425 × 1,20 =	1 710
– Achat des marchandises vendues TTC : 400 × 1,20 =	– 480
– Autres achats et services extérieurs TTC : 210 × 1,20 =	– 252
– Impôts, taxes et versements assimilés :	– 12
– Charges de personnel :	– 500
– TVA à décaisser : (1 425 – 610) × 0,20 =	– 163
– Variation des créances d'exploitation :	– 130
+ Variation des dettes d'exploitation :	– 20
ETE :	153

5. Calcul du flux net de trésorerie généré par l'activité (FNTA)

FNTA = CAF – ΔBFR

Calcul de la CAF :

• Résultat de l'exercice :	92
• DADP :	100
• Valeur compt. des éléments d'actif cédés :	14
• Reprises :	– 10
• Produits de cessions :	– 18
• Quote-part des subventions :	– 15
CAF :	**163**

FNTA = 163 − 145 = 18

FNTA = 18

APPLICATION 2

Société Valras

1. Calculs

Flux net de trésorerie lié aux opérations d'investissement (trésorerie consommée)

850 – 50 = **800**

Flux net de trésorerie dû aux opérations de financement

250 + 350 − 100 − 50 = **450**

Flux net de trésorerie généré par l'activité

1er calcul

CAF – ΔBFR = 200 – (– 100) = **300**

2e calcul

ΔT = Flux net de trésorerie lié aux opérations d'investissement + Flux net de trésorerie dû aux opérations de financement + Flux net de trésorerie généré par l'activité
Avec : ΔT = ΔFR – ΔBFR = – 150 – (– 100) = – 50
Donc : – 50 = – 800 + 450 + Flux net de trésorerie généré par l'activité
Flux net de trésorerie généré par l'activité = – 50 + 350 = **+ 300**

ETE

ETE = EBE – ΔBFRE = 180 – (– 80) = **260**

2. Commentaire

La société Valras a investi de manière importante au cours de l'exercice.
L'autofinancement dégagé (150) étant nettement insuffisant, la société a dû faire appel à des financements extérieurs (augmentation de capital et nouvel emprunt) pour un montant de 600.
Le total des ressources durables ainsi dégagées (800) reste insuffisant pour financer la totalité des investissements (850) et permettre le remboursement de dettes financières (100). Par conséquent, on constate une baisse du FRNG.

APPLICATION 3

SA Vesport

1. Définition de l'ETE et intérêt

Définition

L'ETE représente la trésorerie générée ou consommée au cours d'un exercice par les seules opérations d'exploitation (au sens strict).
Le calcul de l'ETE porte sur le même champ d'opérations que l'EBE :
ETE = EBE – ΔBFRE

Intérêt

C'est un indicateur essentiel pour la gestion. Son calcul est indépendant :
- de la variation des stocks (contrairement à l'EBE qui en tient compte) ;
- de la politique d'amortissements, de dépréciations et de provisions de l'entreprise (il est calculé avant prise en compte des dotations et des reprises).

L'ETE est un solde structurel qui dépend du niveau de l'activité principale, c'est-à-dire du chiffre d'affaires.
Il permet des comparaisons avec d'autres entreprises et constitue un outil de prévention de difficultés.

2. Calculs des variations (Δ)

ΔBFRE

EENE EC

BFRE (N) = 3 740 + 920 + 14 450 + 21 580 + 2 640 + 600 + 80 – (250 + 5 900 + 840 + 40)
= 36 980

EC

BFRE (N–1) = 9 270 + 10 200 + 700 + 60 – (300 + 1 300 + 150 + 1 480 + 50)

EC

= 16 950

ΔBFRE = 36 980 – 16 950 = + 20 030

ΔBFRHE

BFRHE (N) = 850 – 70 =	780
BFRHE (N–1) = 680 – 30 =	650
ΔBFRHE =	+ 130

ΔBFR

ΔBFR = 20 030 + 130 = + 20 160

ΔT

EENE CBC

T(N) = (80 + 250) – (2 640 + 2 300) = – 4 610
T(N–1) = 3 800 + 840 = 4 640
ΔT = – 4 610 – 4 640 = – 9 250

3. Calcul de l'ETE (N)

EBE (N) = 66 850 + 8 350 – (22 300 – 1 490 + 4 200 + 1 120 + 30 560 + 12 320) = 6 190
ETE (N) = 6 190 – 20 030 = – 13 840

4. Commentaire

On constate que le niveau d'activité a baissé puisque le chiffre d'affaires a reculé de 5,18 % par rapport à celui de N–1. L'EBE a fortement diminué ; il est passé de 9 100 à 6 190, soit une baisse de 31,98 % largement supérieure à celle du chiffre d'affaires, ce qui s'explique par une augmentation des charges d'exploitation. Sur l'ensemble des postes, l'exercice aboutit à une perte conséquente (8 700 k€).

Le BFRE a également augmenté de façon importante ; on observe un niveau nettement plus élevé des stocks de produits finis et des créances clients, ce qui permet de supposer des difficultés d'ordre commercial.

Compte tenu de cette situation, il est normal de trouver un ETE négatif. L'exploitation, c'est-à-dire l'activité principale, consomme de la trésorerie au lieu d'en dégager.

La trésorerie globale est devenue fortement négative à la fin de l'exercice N et traduit une situation devenue très préoccupante.

APPLICATION 4

L'effet de ciseaux

1. Calcul des EBE et ETE avec un taux de charges variables constant

EBE = 0,5 × CAHT – Charges fixes (où 0,5 = Taux de marge/Coût variable)

$BFRE = \frac{36}{360} \times CAHT$

ΔBFRE = **0,1 ΔCAHT**

	1	2	3	4
EBE – ΔBFRE	 –	8 000 – 600	8 000 – 400	13 000 – 1 000
= ETE	–	7 400	7 600	12 000

2. Calcul des EBE et ETE en cas d'augmentation des charges variables

	1	2	3	4
EBE	5 000(1)	6 200	4 000	5 500
(1) 30 000 × 0,5 – 10 000 = 5 000 *36 000 × 0,45 – 10 000 = 6 200*				

La ΔBFRE reste inchangée par rapport à la question précédente.

	1	2	3	4
EBE – ΔBFRE	– –	6 200 – 600	4 000 – 400	5 500 – 1 000
= ETE	–	5 600	3 600	4 500

Commentaire

En cas de stabilité du taux des charges variables (et donc, de la marge sur coût variable), on observe que l'EBE et l'ETE augmentent régulièrement comme le CAHT.

Si l'on fait l'hypothèse que les charges variables augmentent plus rapidement que le CAHT, on constate que, sur la période 3, l'EBE ainsi que l'ETE diminuent malgré la progression du CAHT.

Cette situation est appelée « effet de ciseaux ». Elle se présente lorsqu'il se produit une évolution divergente marquée entre le chiffre d'affaires et les charges.

Par conséquent, il importe de surveiller attentivement les charges, même en situation de croissance, surtout s'il n'y a pas de possibilité de répercuter la hausse de ces charges sur le prix de vente.

CHAPITRE 10 Les tableaux de flux de trésorerie

APPLICATION 1

Postes du BFR liés à l'activité

Postes	Activité ou non
Avances et acomptes versés sur commandes	Activité
Capital souscrit appelé, non versé	Non (financement)
VMP	Activité ou trésorerie
Charges constatées d'avance	Activité
Dettes fiscales et sociales	Activité
Dettes diverses	Activité (sauf Dettes sur immobilisations)
Intérêts courus sur emprunts	Activité
Produits constatés d'avance	Activité
Dettes sur immobilisations	Non (investissement)
Créances diverses	Activité (sauf Créances sur cessions d'immobilisations)
Avances et acomptes reçus sur commandes	Activité
Intérêts courus sur prêts	Activité

On remarque que l'essentiel des postes retenus pour le calcul de la variation du BFR relèvent de l'activité courante. Sont à exclure :
- les postes relatifs à l'investissement (exemple : créances et dettes sur immobilisations) ;
- les postes ayant trait au financement (exemple : capital souscrit appelé, non versé) ;
- les postes relevant de la trésorerie (VMP si assimilables à des disponibilités).

APPLICATION 2

Calculs relatifs à la variation du BFR

1. Calculs PCG

- **ΔBFRE** = BFRE(N) – BFRE(N–1)
  = [(4 000 + 500 + 6 400) – (140 + 1 450)] – [(3 800 + 450 + 6 500) – (150 + 1 280)]
  = 9 310 – 9 320 = **– 10**

- **ΔBFRHE** = BFRHE(N) – BFRHE (N–1)
  = [(1 000 + 640 + 460 – 20 – 30 – 45) – (150 + 410 + 300 – 100 – 25 – 10)
  = 2 005 – 725 = **+ 1 280**
- **ΔBFR** = – 10 + 1 280 = **+ 1 270**

2. Fractionnement de la variation du BFR

- **ΔBFR lié à l'activité** = Δ Stocks et créances liées à l'activité
  – Δ Dettes liées à l'activité

Stocks et créances liées à l'activité	N	N–1
Stocks	4 000	3 800
Avances et acomptes versés	500	450
Créances clients	6 400	6 500
Autres créances diverses	640	410
VMP	460	300
Total	12 000	11 460

Δ = 12 000 – 11 460 = + 540

Dettes liées à l'activité	N	N–1
Avances et acomptes reçus	140	150
Dettes fournisseurs	1 450	1 280
Intérêts courus	30	25
Autres dettes diverses	45	10
Total	1 665	1 465

Δ = + 200

- **ΔBFR lié à l'activité** = 540 – 200 = **+ 340**

- **ΔBFR lié aux opérations d'investissement**
ΔCréances sur immobilisations – Δ Dettes sur immobilisations = – 150 – (– 80) = – 70

- **ΔBFR lié aux opérations de financement**
Δ Capital souscrit appelé, non versé = **1 000** – 0 = + 1 000

- **ΔBFR totale**
340 – 70 + 1 000 = **+ 1 270**

APPLICATION 3

Élaboration d'un tableau de flux et commentaire

1. Intérêt de l'analyse de la trésorerie

L'analyse de la trésorerie est un indicateur particulièrement objectif de la performance de l'entreprise puisque la variation de trésorerie n'est influencée :
– ni par les conventions comptables plus ou moins arbitraires (amortissements, provisions...) ;
– ni par l'évaluation des stocks.

Cet indicateur élimine les effets des différences de méthodes comptables. Par conséquent, les comparaisons inter-entreprises en sont facilitées.

Il n'est pas nécessaire d'attendre l'inventaire des stocks, le calcul des amortissements et des provisions pour connaître les variations de trésorerie. Une évaluation périodique (mensuelle, voire hebdomadaire) de la variation de la trésorerie d'exploitation (ETE) permet un contrôle continu des performances financières de l'entreprise.

L'analyse de la trésorerie est un élément important de la prévention des défaillances des entreprises : une surveillance régulière des variations de trésorerie alerte sur les risques de cessation de paiement des entreprises. En effet, la trésorerie est très rapidement affectée par les variations d'activité : la baisse des ventes entraîne rapidement des difficultés de trésorerie alors que l'EBE n'en est pas immédiatement affecté (en cas de mévente, la production stockée se substitue à la production vendue dans le calcul de l'EBE).

En outre, une entreprise fortement bénéficiaire peut connaître des difficultés de trésorerie si la variation du BFRE a été supérieure à l'EBE (cas où ETE < 0). Ainsi, la variation de trésorerie d'exploitation renseigne les responsables sur les difficultés éventuelles qui seraient dues à une croissance du BFRE supérieure à l'EBE. Elle montre les limites apportées à une politique de croissance par l'effet de ciseaux.

2. Calcul de la capacité d'autofinancement N

CAF (PCG)

CAF = 310 + 1 138 + 192 + 298 – 1 439 – 2 = **497**

CAF retraitée (en k€)

Redevance annuelle de crédit-bail = 107 × 4 = 428

Retraitement :
Dotation CB = $\frac{1\ 500}{5}$ = 300
Intérêts CB = 428 – 300 = 128
CAF retraitée = 497 + 300 = **797**

3. Tableau de flux de trésorerie

Calculs préalables

- **ΔBFR (PCG)**

ΔBFR = – 894 (diminution)

Cette variation du BFR ne tient pas compte des EENE qu'il faut rajouter aux « Clients » (et aux CBC), ce qui augmente la ΔBFR :
ΔBFR après retraitement = ΔBFR (PCG) + ΔEENE = – 894 + (198 – 153) = – 849

- **ΔBFR lié à l'activité**

Il faut exclure la variation des dettes sur immobilisations et tenir compte des EENE.
Δ dettes sur immobilisations : – 28 – 0 = – 28
ΔBFR lié à l'activité = – 849 – (– 28) = – 821

ΔBFR lié à l'investissement = – 28

- **Remboursements de dettes financières**

La société est supposée avoir emprunté 1 500 k€ et rembourser 300 k€ par an.
Remboursements de dettes financières retraités = 184 + 300 = 484

Tableau

Exercice N :

ACTIVITÉ	
CAF	797
– Variation du BFR lié à l'activité	+ 821
Flux net de trésorerie lié à l'activité (A)	**1 618**
INVESTISSEMENT	
– Acquisitions d'immobilisations	
Incorporelles	– 14
Corporelles	– 152
Financières	–
+ Cessions d'immobilisations	
Incorporelles	–
Corporelles	10
Financières	–
– Variation du BFR lié aux opérations d'investissement	28
Flux net de trésorerie lié aux opérations d'investissement (B)	– 128
FINANCEMENT	
Augmentations des capitaux propres (200 + 40)	240
Augmentation des dettes financières	290
– Dividendes versés	– 20
– Remboursements d'emprunts	– 484
– ΔBFR lié aux opérations de financement	–
Flux net de trésorerie lié opérations de financement (C)	26
Variation de trésorerie (A + B + C)	**1 516**

Vérification de la variation de trésorerie

La variation de trésorerie obtenue dans le tableau est retraitée. Pour vérifier ce résultat à partir de la variation de trésorerie donnée par la deuxième partie du tableau de financement, il faut retraiter cette dernière :
Trésorerie retraitée = 1 561 – (198 – 153) = 1 516

4. Commentaire

L'activité

L'activité a généré un flux net de trésorerie important. D'une part, la CAF de l'exercice N peut être qualifiée d'importante ; d'autre part, la société a beaucoup réduit son BFRE grâce à une diminution importante des créances clients.

L'investissement

La société a peu investi en N, ce qui peut avoir des conséquences négatives à moyen et long terme sur son outil de production et sa compétitivité.
On constate également très peu de cessions. L'exercice N est neutre sur le plan de la politique d'investissement.

Le financement

Les nouveaux financements (augmentation des capitaux propres et nouvelles dettes financières) compensent les sorties de fonds qui consistent essentiellement en remboursements d'emprunts.

Conclusion

Malgré la diminution du chiffre d'affaires (– 16,31 %), la société a réussi à redresser sa situation financière et redevient bénéficiaire. Si certaines charges sont bien maîtrisées, on observe une augmentation inquiétante des charges de personnel (+ 13,10 %).
La situation de la trésorerie s'est fortement améliorée fin N et on peut penser que le risque de défaillance est écarté à court terme, mais la société doit rester vigilante. Elle doit surveiller son BFR (qui ne peut pas diminuer davantage), continuer à contrôler ses charges (en particulier les charges de personnel) et investir pour préserver sa compétitivité.

APPLICATION 4

Entreprise Relage

1. Tableau de financement

Acquisitions d'immobilisations corporelles

1 043 700 + 42 000 – 105 000 (avances et acomptes de N–1) = 980 700

Augmentations de dettes financières

	N	N–1
Dettes auprès des établissements de crédit	966 413	644 000
Emprunts et dettes financières divers	123 270	54 600
– Concours bancaires courants	– 96 600	– 35 000
– Intérêts courus	– 2 800	–
Total	990 283	663 600

Augmentations de dettes = Dettes N – Dettes N–1 + Remboursement N
= 990 283 – 663 600 + 335 237 = 661 920

2. Tableau de flux de trésorerie

Calculs préalables

- **ΔBFR lié à l'activité**

On sait que tous les postes relèvent de l'activité sauf :
– les comptes de créances et dettes sur immobilisations ;
– le compte « Capital souscrit et appelé, non versé ».
ΔBFR (PCG) = – 27 391 (le signe « plus » dans la deuxième partie du tableau de financement correspond à une diminution du BFR).
L'augmentation des dettes sur immobilisations constitue une ressource et a contribué à diminuer la variation de BFR. Si on l'enlève, le BFR augmente d'autant. D'où :
ΔBFR lié à l'activité = ΔBFR (PCG) + ΔDettes sur immobilisations
= – 27 391 + (191 436 – 77 000) = **+ 87 045** (augmentation)

- **ΔBFR lié à l'investissement**

ΔBFR lié à l'investissement = + Δ Dettes sur immobilisations (ici, il n'y a pas de créances sur immobilisations).
L'augmentation des dettes sur immobilisations constitue une ressource et s'accompagne d'un signe négatif :
ΔBFR lié à l'investissement = – (191 436 – 77 000) = – 114 436

Tableau de flux

Exercice N

ACTIVITÉ	
CAF	768 866
– Variation du BFR lié à l'activité	– 87 045
Flux net de trésorerie lié à l'activité (A)	**681 821**
INVESTISSEMENT	
– Acquisitions d'immobilisations	
Incorporelles	– 278 600
Corporelles	– 980 700
Financières	– 20 300
+ Cessions d'immobilisations	
Incorporelles	–
Corporelles	44 100
Financières	81 900
– Variation du BFR lié aux opérations d'investissement	114 436
Flux net de trésorerie lié aux opérations d'investissement (B)	**– 1 039 164**

☞

FINANCEMENT	
Augmentations des capitaux propres	113 750
Augmentation des dettes financières	661 920
– Dividendes versés	– 126 000
– Remboursements d'emprunts	– 335 237
– ΔBFR lié aux opérations de financement	–
Flux net de trésorerie lié opérations de financement (C)	**314 433**
Variation de trésorerie (A + B + C)	**– 42 910**
Trésorerie d'ouverture : 145 950 – 35 000	110 950
Trésorerie de clôture : 164 640 – 96 600	68 040

3. Diagnostic de la politique de l'entreprise

Une CAF apparemment importante a été dégagée au cours de l'exercice N, mais l'augmentation du BFR lié à l'activité a amputé une partie de cette ressource interne.

D'importantes acquisitions d'immobilisations ont entraîné une forte consommation de trésorerie, malgré les rentrées apportées par les cessions. Il s'agit principalement d'immobilisations corporelles ce qui montre une stratégie de développement interne.

La trésorerie dégagée au niveau de l'activité n'est pas suffisante pour assurer le financement de ce programme et l'entreprise a dû faire appel à une augmentation de capital et à de nouvelles dettes financières. Le montant de ces financements externes a permis de faire face à la distribution dividendes et au remboursement d'anciens emprunts. Le reliquat est insuffisant pour combler l'insuffisance de trésorerie constatée après les opérations d'investissement ; par conséquent, la trésorerie nette de l'exercice N diminue tout en restant encore positive.

En conclusion, on observe que l'essentiel du financement des nouveaux investissements provient de la trésorerie générée par l'activité. Le recours à des financements externes est normal compte tenu de l'importance des investissements effectués et leur montant ne semble pas excessif. La baisse de la trésorerie consécutive à ces opérations n'est pas préoccupante à condition que la société continue à réaliser une CAF confortable et à contrôler l'évolution du BFR.

APPLICATION 5

Commentaire de tableaux de flux de trésorerie simples

1. Vérification de la variation de trésorerie

La vérification la plus évidente est effectuée à partir des bilans. On a :

$$\Delta T = \Delta \text{ Actif de trésorerie} - \Delta \text{ Passif de trésorerie}$$

L'actif de trésorerie inclut les VMP dans la mesure où elles sont rapidement négociables.

Si l'on connaît la variation du FRNG et celle du BFR, on peut également retrouver la variation de la trésorerie globale : $\Delta T = \Delta FRNG - \Delta BFR$.

2. Commentaire

Progression de l'activité

Bien qu'on ne connaisse pas les CAHT, on peut supposer que l'augmentation continue de la CAF est la conséquence d'un développement de l'activité de la société, en particulier en N.

Cette observation trouve sa confirmation dans la partie « Investissements » qui montre qu'un programme important d'investissements corporels a été réalisé en N–2 et terminé en N–1.

Le financement de ce programme a nécessité le recours à des financements externes en N–2. La société a augmenté son capital et surtout contracté un nouvel emprunt, ce qui a pour conséquence une nette augmentation des remboursements de dettes financières pour les exercices suivants.

L'augmentation de capital ne s'est pas traduite par une augmentation des dividendes distribués.

Évolution des flux et de la trésorerie

La CAF a constamment progressé (augmentation de 34 % en N–1, puis de 10 % en N). La variation du BFR est apparemment bien maîtrisée, en particulier en N ; par conséquent, le flux de trésorerie généré par l'activité a suivi une progression encore plus marquée (+ 89 % en N).

Grâce au faible niveau d'investissements et malgré l'augmentation des remboursements, la trésorerie de l'exercice N s'est nettement redressée et augmente en N.

Résumé

En conclusion, on peut dire que la société a investi de façon importante en N–2, ce qui s'est traduit par une dégradation assez forte de la trésorerie. Les investissements réalisés se sont traduits, en N–1 et N, par une amélioration de la CAF. Le niveau de la CAF, associé à une bonne maîtrise du BFR, a permis de dégager des liquidités confortables au niveau de l'activité. Après financement des opérations d'investissement et de financement, le reste de ces liquidités a permis une augmentation de la trésorerie globale.

APPLICATION 6

Société Electra

1. Calcul de la CAF

Quote-part de subvention virée au résultat N : 120 000 – 90 000 = 30 000

Résultat de l'exercice :		815 000
+ Dotations : 482 500 + 5 000 + 44 000 + 20 000 + 2 000 =		553 500
+ VCEAC :		22 500
– Reprises :		– 1 000
– PCEA (40 350 + 10 000) =		– 50 350
– Quote-part de subvention virée au résultat :		– 30 000
	CAF :	**1 309 650**

2. Tableau de flux

Calculs préalables

ΔBFR lié à l'activité

BFR lié à l'activité (N) = (1 412 000 + 506 000 + 832 000 + 8 000) – (643 000 +165 000 + 5 100)
= 1 944 900

BFR lié à l'activité (N–1) = (925 000 + 456 000 + 678 000 + 4 000) – (434 000 + 122 000 + 10 000)
= 1 497 000

ΔBFR lié à l'activité = **+ 447 900**

ΔBFR lié à l'investissement

Les dettes sur immobilisations constituent une ressource de financement et doivent être considérées avec un signe « moins » : 0 – (– 32 000) = + 32 000

ΔBFR lié au financement (capital souscrit et appelé, non versé)

40 000 – 0 = 40 000

Acquisitions d'immobilisations

- Frais d'établissement : 630 000 – 600 000 = 30 000
- Brevets : 240 000 – 200 000 = 40 000
- Terrains : 1 490 000 – 1 000 000 = 490 000
- Constructions : ni acquisition, ni cession
- Installations techniques, matériel... : 950 000 + *X* – 140 000 = 1 160 000 ⇒ X = 350 000
- Autres immo. corporelles (mobilier) : 170 000 + *X* – 45 000 = 200 000 ⇒ X = 75 000

Total des acquisitions d'immobilisations corporelles :
490 000 + 350 000 + 75 000 = 915 000
Autres participations : 140 000 – 120 000 = 20 000
Prêts : 48 000 + *X* – 20 000 = 32 000 ⇒ X = 4 000

Augmentation de capital

Augmentation du compte capital : 2 600 000 + 148 000 – 2 200 000 =	548 000
– Incorporation de réserves :	– 180 000
	368 000

Remboursement de dettes financières

Remboursement de dettes financières = 194 000 (dettes à moins d'un an, fin N–1)
Augmentation des dettes financières :
226 000 + 186 000 – 15 000 + *X* – 194 000 = 295 000 + 100 400 – 94 000
CBC CBC
⇒ X = 98 400

Tableau

Exercice N :

ACTIVITÉ CAF – Variation du BFR lié à l'activité	 1 309 650 – 447 900
A. Flux net de trésorerie lié à l'activité	**861 750**

INVESTISSEMENT	
Acquisitions d'immobilisations	
Incorporelles (30 000 + 40 000)	– 70 000
Corporelles	– 915 000
Financières (20 000 + 4 000)	– 24 000
Cessions d'immobilisations	
Incorporelles	
Corporelles	50 350
Financières	20 000
– Variation du BFR lié aux opérations d'investissement	– 32 000
B. Flux net de trésorerie lié aux opérations d'investissement	**– 970 650**
FINANCEMENT	
Augmentations des capitaux propres	368 000
Augmentation des dettes financières	98 400
– Dividendes versés	– 300 000
– Remboursements d'emprunts	– 194 000
– ΔBFR lié aux opérations de financement	– 40 000
C. Flux net de trésorerie lié opérations de financement	**– 67 600**
A + B + C = Variation globale de trésorerie	**– 176 500**
Trésorerie d'ouverture	103 500
Trésorerie de clôture	– 73 000

Vérification

Trésorerie à l'ouverture fin N–1 = 118 500 – 15 000 = 103 500
Trésorerie à la clôture (fin N) = 9 000 + 12 000 – 94 000 = – 73 000

3. Tableau de l'OEC Electra

	N
ACTIVITÉ	
Résultat de l'exercice	815 000
+ Amortissements, dépréciations et provisions (sauf AC)	507 500 (1)
– Plus-values de cession (50 350 – 22 500)	– 27 850
– Quote-part de subvention virée au résultat (120 000 – 90 000)	– 30 000
Marge brute d'autofinancement	**1 264 650**
Incidence de la variation des décalages de trésorerie :	
– Variation du BFR lié à l'activité	– 404 900 (2)
A – Flux net de trésorerie lié à l'activité	**859 750**
INVESTISSEMENT	
Cessions d'immobilisations incorporelles	–
Cessions d'immobilisations corporelles	50 350
Cessions ou réductions d'immobilisations financières	20 000

– Acquisitions d'immobilisations incorporelles	– 70 000
– Acquisitions d'immobilisations corporelles	– 915 000
– Acquisitions d'immobilisations financières	– 24 000
Incidence de la variation des décalages de trésorerie :	
– Variation du BFR lié à l'investissement	– 32 000
B – Flux net de trésorerie lié aux opérations d'investissement	**– 970 650**
FINANCEMENT	
Augmentation de capital	368 000
– Dividendes versés	– 300 000
+ Augmentation des dettes financières	+ 98 400
– Remboursement de dettes financières	– 194 000
+ Subventions d'investissement reçues	–
Incidence de la variation des décalages de trésorerie :	
– Variation du BFR lié au financement	– 40 000
C – Flux net de trésorerie lié aux opérations de financement	**– 67 600**
Variation de la trésorerie (A+B+C)	**– 178 500**
Trésorerie à l'ouverture (118 500 – 15 000)	103 500
Trésorerie à la clôture (12 000 + 7 000 – 94 000)	– 75 000
(dont montant net des VMP : 7 000)	

(1) On rajoute les DADP nettes des reprises sauf celles relatives à l'actif circulant :
DADP nettes des reprises : 482 500 + 5 000 + 44 000 + 20 000 + 2 000 – 1 000 = 552 500
DADP nettes des reprises sur actif circulant (actifs des bilans) : 158 000 – 113 000 = 45 000
Montant à mettre dans le tableau : 552 500 – 45 000 = 507 500

(2) La variation du BFR lié à l'activité est calculée à partir des montants nets :
Stocks : (1 364 000 + 475 000) – (893 000 + 426 000) = + 520 000
Créances liées à l'activité : (755 000 + 8 000) – (627 000 + 4 000) = 132 000
Dettes liées à l'activité :
(643 000 + 165 000 + 5 100) – (434 000 + 122 000 + 10 000) = + 247 100
⇒ BFR lié à l'activité = 520 000 + 132 000 – 247 100 = 404 900

Commentaire

On constate que l'exercice a dégagé une marge d'autofinancement confortable, mais la trésorerie potentielle correspondante a été amputée par une augmentation importante de la variation du BFR lié à l'activité.

Le flux de trésorerie disponible restant est insuffisant pour financer le montant net des investissements réalisés au cours de l'exercice. Ces investissements, d'un montant élevé, consistent essentiellement en immobilisations corporelles ce qui traduit une stratégie de développement interne.

Les opérations de financement ne s'équilibrent pas tout à fait. Les nouvelles ressources (augmentation de capital et augmentation des dettes financières) ne permettent pas de faire face aux décaissements (dividendes et remboursements d'emprunts). Il en résulte un déficit de trésorerie au niveau du financement.

En conséquence, on aboutit à une détérioration significative de la trésorerie globale devenue négative à la fin de l'exercice.

4. Tableau de la Banque de France

	N
ACTIVITÉ	
CAHT et autres produits d'exploitation	5 961 500 (1)
– Var. « Clients » et autres créances d'exploitation	– 154 000 (2)
= *Encaissements sur produits d'exploitation (a)*	5 807 500
Achats et autres charges d'exploitation	4 762 500 (3)
– Variation « fournisseurs » et autres dettes d'exploitation	– 252 000 (4)
= *Décaissements sur charges d'exploitation (b)*	4 510 500
= *Flux de trésorerie d'exploitation (a) – (b)*	1 297 000
+ Flux liés aux opérations hors exploitation	16 750 (5)
– Charges d'intérêts	– 55 250
– Impôt sur les bénéfices décaissé	– 347 000
– Flux affecté à la participation des salariés	– 49 750
– Distribution mise en paiement	– 300 000
= Flux de trésorerie interne A	**561 750**
INVESTISSEMENT	
Investissement d'exploitation hors production immobilisée	955 000 (6)
+ Acquisitions de participations et titres immobilisés	-
+ Var. des autres actifs immobilisés hors charges à répartir	54 000 (7)
– Subventions d'investissement reçues	-
– Variation des dettes sur immobilisations	32 000
– Encaissements sur cessions d'immobilisations	– 70 350
= Flux lié aux investissements I	**970 650**
FINANCEMENT	
Augmentation ou réduction du capital	368 000
– Variation des créances sur capital appelé non versé	– 40 000
= *Flux lié au capital (c)*	**328 000**
Nouveaux emprunts	98 400 (8)
dont nouveaux engagements de location-financement	-
– Remboursements d'emprunts	– 194 000
= *Variation des emprunts (d)*	**– 95 600**
Variation crédits bancaires courants	79 000
+ Variation Créances cédées non échues	
+ Variation Avances de trésorerie reçues des Groupes et associés	-
+ Variation Titres de créances négociable hors groupe	-
= *Variation de la trésorerie passif*	**79 000**
Flux lié au financement (c) + (d) + (e) = F	**311 400**

☞

Variation des disponibilités	**– 97 500**
– Variation disponibilités	– 106 500
+ Variation valeurs mobilières de placement	9 000
+ Variation avances de trésorerie aux groupes et associés	–
= ***Variation de la trésorerie actif A – I + F***	**– 97 500**

(1) 5 947 500 + 14 000 = 5 961 500
(2) 832 000 – 678 000 = 154 000
(3) 3 053 400 + 312 000 + 66 000 + 890 000 + 441 100 = 4 762 500
(4) (643 000 + 165 000) – (434 000 + 122 000) = 252 000
(5) [36 850 – (8 000 – 4 000)] – [11 200 – (5 100 – 10 000)] = 16 750
(6) 915 000 + 40 000 = 955 000
(7) 30 000 + 24 000 = 54 000
(8) (295 000 – 94 000 + 100 400) – (226 000 – 15 000 + 186 000) + 194 000 = 98 400
(94 000 : CBC ; 15 000 : CBC ; 194 000 : rembours.)

Commentaire

Le flux de trésorerie obtenu de l'exploitation est positif et conséquent. Mais les flux hors exploitation ont contribué à le réduire de manière importante et le solde est trop faible pour financer la totalité des investissements réalisés.

Les investissements réalisés sont d'un montant élevé et relatifs à l'exploitation. Une petite partie des immobilisations a été financée grâce à quelques cessions.

De nouvelles ressources de financement ont été apportées par une augmentation de capital et, dans une moindre mesure, par de nouveaux emprunts. Leur montant total net des remboursements dégage une trésorerie nettement positive mais insuffisante pour combler le manque constaté plus haut.

Au total, on observe une nette diminution des disponibilités et de l'actif de trésorerie.

APPLICATION 7

Société Satim

1. Finalité d'un diagnostic financier

- Comprendre l'évolution passée de l'entreprise au travers des flux financiers ;
- Mesurer et expliquer les performances de l'entreprise ;
- Déceler les problèmes et proposer des mesures pour corriger ou améliorer la situation ;
- Évaluer le niveau de risque (économique et financier) supporté par l'entreprise ;
- Juger les possibilités d'évolution future au vu de la situation d'ensemble…

2. Diagnostic financier

Calculs préalables

- Variation du CAHT : $\frac{4\,362\,000 - 3\,929\,500}{3\,929\,500} = 0{,}1101$
- Rentabilité financière : $\frac{\text{Résultat de l'exercice}}{\text{Capitaux propres}}$

N ⇒ 21,89 %
N–1 ⇒ 23,88 %

- Capacité de remboursement : endettement financier/CAF = 2,63 ou DF/CAF = 2,44 < 3
- Variation du BFR (N) : + 62 %
- Variation du FRNG (N) : – 5 %
- Variation de la trésorerie : – 43 %
- BFRE en nombre de jours de CAHT : N ⇒ 71 jours ; N–1 ⇒ 59 jours
- Profitabilité :

	N	N–1
Résultat/CAHT	17,28 %	16,85 %
EBE/CAHT	50,60 %	50,28 %
VA/CAHT	68,47 %	68,14 %

Commentaire

Analyse de l'activité et des résultats

L'entreprise a vu son activité se développer en N (hausse de 11,01 % du CAHT). Sa profitabilité s'est légèrement améliorée par rapport à l'exercice précédent. Par contre, on constate une petite diminution de la rentabilité financière (21,89 % en N contre 23,88 % en N–1), ce qui s'explique par une hausse significative du montant des capitaux propres.

Équilibre financier du bilan

L'équilibre fonctionnel est satisfaisant ; le FRNG est largement supérieur au BFR. Toutefois, on remarque une légère baisse du FRNG en N alors que le BFR a augmenté de 62 %, essentiellement à cause du BFRE. Le poids du BFRE par rapport au chiffre d'affaires est passé de 59 jours à 71 jours, ce qui est le signe d'un contrôle insuffisant des postes concernés.

Il s'ensuit de cette évolution une nette dégradation de la trésorerie.

Endettement financier

Les capitaux propres sont nettement supérieurs aux dettes financières ; en N, une augmentation de capital a renforcé le montant des capitaux propres et il en résulte une bonne autonomie financière. La politique de désendettement suivie a conduit à une assez forte diminution de l'endettement financier et à l'amélioration de la capacité d'endettement de l'entreprise.

La capacité de remboursement (2, 44 ou 2,63 < 3) peut être considérée comme satisfaisante.

Évolution de la trésorerie

La trésorerie s'est nettement dégradée et l'entreprise a dû recourir à des CBC. Toutefois, elle reste largement positive à la fin de l'exercice N.

Conclusion

La situation financière de la société Satim est globalement bonne, excepté le dérapage du BFR qui a contribué à dégrader la situation de la trésorerie. La société a réalisé des investissements assez importants qui devraient améliorer les résultats et la situation financière, à condition de contrôler les postes constituant le BFR.

• • • • • •

CAS

Entreprise Hexagone

TABLEAU DE FINANCEMENT DE LA SOCIÉTÉ HEXAGONE
EXERCICE N (PARTIE 1)

EMPLOIS		RESSOURCES	
Distributions mises en paiement au cours de l'exercice	29 000	Capacité d'autofinancement de l'exercice	220 000
		60 000 + 211 000 + 7 000 – 19 000 – 51 000 + 12 000	
Acquisitions d'éléments de l'actif immobilisé		Cessions ou réduction d'éléments de l'actif immobilisé	
• immobilisations incorporelles	20 000	• Cessions d'immobilisations	
• immobilisations corporelles	1 960 000	– incorporelles	
• immobilisations financières		– corporelles	11 000
		• Cessions ou réductions d'immobilisations financières	21 000
Charges à répartir sur plusieurs exercices			
Réduction de capitaux propres		Augmentation des capitaux propres	
		• Augmentation de capital	510 000
		(700 000 + 200 000 + 10 000 +12 000 + 48 000) – 489 000 + 29 000	
		• Augmentation des autres capitaux propres	200 000
		160 000 + 40 000	
Remboursements de dettes financières	10 000	Augmentation des dettes financières	900 400
		(1 064 000 – 110 000 – 3 800) – (60 000 – 200) + 10 000	
Total des emplois	***2 019 000***	***Total des ressources***	***1 862 400***
Variation du fonds de roulement net global (ressource nette)		Variation du fonds de roulement net global (emploi net)	156 600

TABLEAU DE FINANCEMENT (PARTIE 2)

Variation du fonds de roulement net global	Besoins 1	Dégagements 2	Solde 2 – 1
Variations exploitation			
Variations des actifs d'exploitation :			
• stocks et en cours	97 000		
• Avances et acomptes versés sur commandes			
• Créances clients, cptes rat. autres créances d'exploitation	27 000		
(153 000 + 1 000) – (112 000 + 10 000 + 5 000)			
Variations des dettes d'exploitation :			
• Avances et acomptes reçus sur commandes			
• Dettes fournisseurs, cptes rat. et autres dettes d'exploitation		46 000	
(168 000 + 40 000 – 12 000 + 52 000) – (105 000 + 35 000 – 8 000 + 70 000)			
Totaux	124 000	46 000	– 78 000
A. Variations nettes exploitation			
Variations « Hors exploitation »			
Variations des autres débiteurs			
Variations des autres créditeurs (12 000 + 50 000 + 3 800) – (8 000 + 200)		57 600	
Totaux	–	57 600	57 600
B. Variation nette « Hors exploitation »			
Total A + B			
Besoins de l'exercice en fonds de roulement ou Dégagement net de fonds de roulement de l'exercice			– 20 400
Variations Trésorerie			
Variations des disponibilités 1 000 – (17 000 + 51 000)		67 000	
Variation des CBC et EENE		110 000	
Totaux	–	177 000	177 000
C. Variation nette « Trésorerie »			
Variations du fonds de roulement net global			
Emploi net ou Ressource nette **Total A + B + C**			156 600

2. Tableau de flux de trésorerie de la société Hexagone

	Exercice N
Flux de trésorerie liés à l'activité	
RÉSULTAT NET	
Élimination des charges et produits sans incidence sur la trésorerie ou non liés à l'activité	60 000
+ Amortissements, dépréciations et provisions (à l'exclusion des dépréciations sur actif circulant) 211 000 – 16 000	195 000
+ Valeur comptable des éléments d'actif cédés	12 000
– Produits de cessions d'éléments d'actif	– 11 000
– Quote-part des subventions d'investissement virée au résultat	– 40 000
Marge brute d'autofinancement	216 000
Moins : variation du besoin en fonds de roulement lié à l'activité(1)	– 65 400
Flux net de trésorerie généré par l'activité (A)	**150 600**
Flux de trésorerie liés aux opérations d'investissement	
Cessions d'immobilisations	11 000
+ Réductions d'immobilisations financières	21 000
– Acquisitions d'immobilisations	– 1 980 000
– Variation du besoin en fonds de roulement lié à l'investissement – (– 50 000 – 0)	50 000
Flux net de trésorerie lié aux opérations d'investissement (B)	**– 1 898 000**
Flux de trésorerie liés aux opérations de financement	
Augmentation ou réduction de capital	510 000
– Dividendes versés	– 29 000
+ Augmentation des dettes financières	900 400
– Remboursements des dettes financières	– 10 000
+ Subventions d'investissements reçues	200 000
– Variation du besoin en fonds de roulement lié au financement	
Flux net de trésorerie lié aux opérations de financement (C)	**1 571 400**
Variation de la trésorerie (A + B + C)	**– 176 000**
Trésorerie d'ouverture (16 000 + 51 000)	67 000
Trésorerie de clôture (1 – 110 000)	– 109 000

(1) BFR lié à l'activité (N) = (393 000 – 1 000) – (168 000 + 40 000 + 52 000 + 3 800) = 128 200
BFR lié à l'activité (N–1) = (340 000 – 16 000 – 51 000) – (105 000 + 35 000 + 70 000 + 200) = 62 800
ΔBFR lié à l'activité = 128 000 – 62 800 = 65 400

3. Différence entre la capacité d'autofinancement et marge brute d'autofinancement

CAF (PCG) = 220 000 €

CAF (OEC) = MBA = 216 000 €

L'OEC assimile les dotations aux dépréciations sur stocks et créances (nettes de reprises) à des charges décaissables. De ce fait, la CAF de l'OEC (appelée marge brute d'autofinancement) est généralement plus faible que la CAF du PCG.

4. Analyse de l'évolution de la situation financière

Analyse du tableau de financement

L'équilibre financier s'est dégradé au cours de l'exercice N : le fonds de roulement net global a diminué (– 156 600 €) tandis que le besoin en fonds de roulement a progressé (+ 20 400 €).

L'acquisition d'immobilisations est en partie autofinancée, ce qui explique la baisse du FRNG.

Le BFR d'exploitation augmente très fortement (+ 78 000 €) du fait d'une progression importante des stocks.

La trésorerie nette diminue de 177 000 € et devient négative fin N (découvert bancaire de 110 000 €).

Analyse du tableau de flux de trésorerie

L'activité génère un excédent de trésorerie de 150 600 €.

Le financement des nouvelles immobilisations s'avère insuffisant malgré le recours à un emprunt bancaire et à une augmentation de capital.

La situation n'est pas catastrophique dans la mesure où cette opération d'acquisitions demeure exceptionnelle.

L'entreprise devra surveiller l'évolution de sa trésorerie dans les prochains mois afin de s'assurer que la trésorerie dégagée par l'activité permettra de résorber le découvert bancaire.

CHAPITRE

11 La gestion du besoin en fonds de roulement

APPLICATION 1

Calculs des TE et des CS relatifs aux stocks

1. Stock de matières premières

$$TE = \frac{\text{Stock moyen} \times 360}{\text{Coût des matières premières utilisées}} = \frac{300\,000 \times 360}{(6\,350\,000 - 950\,000)} = \mathbf{20} \text{ jours}$$

$$CS = \frac{6\,350 - 950}{20\,000} = 0{,}27$$

2. Stock de produits finis

$$TE = \frac{\text{Stock moyen} \times 360}{\text{Coût de production des produits vendus}} = \frac{480\,000 \times 360}{4\,200\,000 + 80\,000} = \mathbf{40{,}37} \text{ jours}$$

$$CS = \frac{4\,200 + 80}{20\,000} = \mathbf{0{,}214}$$

3. Stock de marchandises

$$TE = \frac{\text{Stock moyen} \times 360}{\text{Coût d'achat des marchandises vendues}} = \frac{100\,000 \times 360}{3\,600\,000 \times 0{,}4} = \mathbf{25} \text{ jours}$$

$$CS = \frac{3\,600 \times 0{,}4}{20\,000} = 0{,}072$$

APPLICATION 2

Calculs de TE relatifs aux crédits

a) Fournisseurs (ou clients)

- Règlement à 30 jours : TE = **30** jours

- Règlement en fin de mois : TE $= \frac{30 + 0}{2}$ = **15** jours
- Règlement à 45 jours fin de mois : TE $= \frac{75 + 45}{2}$ = **60** jours
- Règlement à 30 jours fin de mois, le 5 du mois suivant : $\frac{65 + 35}{2}$ = **50** jours
- 30 % à 30 jours et 70 % à 60 jours : TE = 30 × 0,3 + 60 × 0,7 = **51** jours

b) TVA

- **Paiement le 18**

1re méthode :

TVA déductible : TE $= \frac{30 + 0}{2}$ = **15 j**

TVA collectée : TE $= \frac{30 + 0}{2}$ = **15 j**

TVA à décaisser : TE = **18 j**

2e méthode :

TVA déductible : TE $= \frac{48 + 18}{2}$ = **33 j**

TVA collectée : TE $= \frac{48 + 18}{2}$ = **33 j**

3e méthode :

TVA à décaisser : TE $= \frac{48 + 18}{2}$ = **33 j**

- **Paiement le 24**

1re méthode :

TVA déductible : TE = **15 j**

TVA collectée : TE = **15 j**

TVA à décaisser : TE = **24 j**

2e méthode :

TVA déductible : TE $= \frac{54 + 24}{2}$ = **39 j**

TVA collectée : TE $= \frac{54 + 24}{2}$ = **39 j**

3e méthode :

TVA à décaisser : TE $= \frac{54 + 24}{2}$ = **39 j**

APPLICATION 3

BFRE d'un investissement

1. Calcul du besoin en fonds de roulement normatif N

Chiffre d'affaires = 500 × 6 000 = 3 000 k€

Postes	TE	CS	TE × CS
Stock MP	15	540/3 000 = 0,18	2,7
Stock PF	20	(540 + 1 080)/3 000 = 0,54	10,8
Clients	21	1,20	25,20
Fournisseurs	30	(540 × 1,20)/3 000 = 0,216	– 6,48
			32,22

Le BFRE représente 32,22 jours de CA HT ≈ 32 jours de CAHT.

2. BFRE prévisionnels

Prévisions du BFRE (en milliers d'€) :

	N	N+1	N+2	N+3	N+4
CAHT	3 000	4 000	5 000	5 000	5 000
BFRE (total)	266,7	355,6	444,4	444,4	444,4

APPLICATION 4

Entreprise X

1. BFRE normatif

- **Stock de matières premières**

$SI - SF = -200 \Rightarrow SI = 500 \text{ et } SF = 700$

Stock moyen = 600

$TE = \frac{600 \times 360}{2\,800} = 77{,}14$ $CS = \frac{2\,800}{14\,000} = 0{,}2$

- **Stock de produits finis**

$SF - SI = 1\,450 \Rightarrow SI = 2\,550 \text{ et } SF = 4\,000$

Stock moyen = 3 275

$TE = \frac{3\,275 \times 360}{13\,000} = 90{,}69$ $CS = \frac{13\,000}{14\,000} = 0{,}93$

- **Clients**

$TE = \frac{70 + 40}{2} = 55$ $CS = 1{,}20$

- **Fournisseurs**

$TE = \frac{60 + 30}{2} = 45$ $CS = \frac{3\,000 \times 1{,}20}{14\,000} = 0{,}257$

- **TVA déductible**

$TE = \frac{55 + 25}{2} = 40$ $CS = \frac{(3\,000 + 1\,500) \times 0{,}20}{14\,000} = 0{,}064$

- **TVA collectée**

$TE = 40$ $CS = 0{,}20$

- **Salaires**

$TE = \frac{30}{2} = 15$ $CS = \frac{4\,500}{14\,000} = 0{,}32$

- **Charges sociales**

$$TE = \frac{40 + 10}{2} = 25 \qquad CS = \frac{1\,800}{14\,000} = 0{,}13$$

TABLEAU RÉCAPITULATIF				
Postes	**TE**	**CS**	**Postes en jours de CAHT**	
			Actif	**Passif**
Stock de mat. prem.	77,14	0,2	15,43	
Stock de prod. finis	90,69	0,93	84,34	
Clients	55	1,20	66	
TVA déductible	40	0,064	2,56	
Fournisseurs	45	0,257		11,56
TVA collectée	40	0,20		8
Salaires	15	0,32		4,80
Charges sociales	25	0,13		3,25
			168,33	27,61
			BFRE : 140,72 jours	

2. BFRE moyen en N

$$\frac{14\,000 \times 140{,}72}{360} = 5\,472{,}44 \text{ k€}$$

On constate que le fonds de roulement est insuffisant par rapport au besoin en fonds de roulement d'exploitation, ce qui explique les problèmes de trésorerie.

Il semble que le stock de produits finis et les créances clients soient excessifs. Des actions tendant à réduire ces postes devraient être entreprises.

APPLICATION 5

Siso SA

1. Calcul du BFR normatif

	TE × CS
• **Stock de matières premières**	
TE = 20 CS = 0,4	8
• **Stock de produits finis**	
TE = 15 CS = 0,4 + 0,3 + 0,12 + 0,03 = 0,85	12,75

• Clients	
TE = 50 CS = 1,20	60
• TVA déductible	
TE = 37 CS = (0,4 + 0,12)0,20 = 0,104	3,85
• Fournisseurs de matières premières	
TE = 60 CS = 0,4 × 1,20 = 0, 48	– 28,80
• TVA collectée	
TE = 37 CS = 0,20	– 7,40
Besoin en fonds de roulement normatif en nombre de jours =	**48,40**

2. Prévision N+1 (en k€)

$$\frac{32\ 000 \times 48{,}40}{360} \simeq 4\ 302 \text{ k€}$$

3. Réduction du BFRE

Plusieurs postes sont touchés par la modification envisagée.

• Clients

Diminution du TE de 20 jours ; CS inchangé.
Réduction = 20 × 1,20 = **24**

• TVA déductible

TE = 37 inchangé
CS : diminution égale à 0,04 × 0,20 = 0,008
Réduction du poste : 37 × 0,008 ≃ **0,30**

• Stock de produits finis

TE = 15 (inchangé)
CS : diminution de 0,04
Réduction du poste : 15 × 0,04 = **0,6**

• Réduction totale ≃ 24,90 jours

Nouveau besoin en fonds de roulement normatif = 48,40 – 24,90 = **23,50**
Prévision pour N+1 :

$$\frac{32\ 000 \times 23{,}50}{360} \approx 2\ 089 \text{ k€}$$

APPLICATION 6

Nouveau produit

1. Détermination du besoin en fonds de roulement normatif

- **Stock de matières premières :**

TE = 30 jours $\quad CS = \frac{380}{820} = 0{,}463$

- **Stock de produits en-cours :**

TE = 10 jours $\quad CS = \frac{(380 + 50)\ 20\,000 + 4\,940\,000 \times 0{,}5}{16\,400\,000} = 0{,}675$

- **Stock de produits finis :**

TE = 15 jours $\quad CS = \frac{480 \times 20\,000 + 4\,940\,000}{16\,400\,000} = 0{,}887$

- **Clients étrangers :**

TE = 90 jours $\quad CS = \frac{16\,400\,000 \times 0{,}2}{16\,400\,000} = 0{,}2$ (Pas de TVA sur les ventes exportées.)

- **Clients français :**

$TE = 30 \times 0{,}4 + 60 \times 0{,}6 = 48$ jours

$$CS = \frac{16\,400\,000 \times 0{,}8 \times 1{,}20}{16\,400\,000} = 0{,}96$$

- **TVA déductible :**

$$TE = \frac{51 + 21}{2} = 36 \text{ jours}$$

$$CS = \frac{380 \times 20\,000 \times 0{,}10 + (100 \times 20\,000 + 800\,000 \times 0{,}4)\ 0{,}20}{16\,400\,000} = 0{,}075$$

- **Fournisseurs :**

TE = 45 jours $\quad CS = \frac{380 \times 1{,}10}{820} = 0{,}51$

- **TVA collectée :**

TE = 36 jours $\quad CS = \frac{16\,400\,000 \times 0{,}8 \times 0{,}20}{16\,400\,000} = 0{,}16$

TABLEAU RÉCAPITULATIF				
Postes	TE	CS	Postes en jours de CAHT	
			Actif	Passif
Stock matières premières	30	0,463	13,89	
Stock en-cours	10	0,675	6,75	
Stock produits finis	15	0,887	13,31	
Clients étrangers	90	0,2	18,00	
Clients français	48	0,96	46,08	
TVA déductible	36	0,075	2,70	
Fournisseurs	45	0,51		22,95
TVA collectée	36	0,16		5,76
			100,73	28,71
	FR normatif en jours de CAHT ≃ 72,02			
	FR normatif en euros $= \frac{16\ 400\ 000 \times 72{,}02}{360}$. 3 280 911			

2. Calcul du besoin en fond de roulement normatif quand CAHT = 21 350 000 €

$$\text{Besoin en FR normatif} = \frac{21\ 350\ 000 \times 72{,}02}{360} = 4\ 271\ 186$$

CHAPITRE

12 Caractéristiques d'un projet d'investissement – Coût du capital

APPLICATION 1

Capital investi

1. Montant de l'investissement

Toutes les dépenses sont des dépenses d'investissement sauf les frais de formation du personnel qui doivent être enregistrées comme des frais de personnel.

$$\Delta BFRE = \frac{650\,000 \times 0{,}2 \times 1}{12} = 10\,833 \text{ €}$$

I = 10 833 + 23 000 + 16 000 + 40 000 + 300 000 + 90 000 + 8 000 = **487 833 €**

2. Éléments amortissables

- Constructions : 23 000 + 16 000 + 300 000 = 339 000 €
- Brevet : 40 000 €
- Matériels : 90 000 + 8 000 = 98 000

APPLICATION 2

Flux nets générés par un projet

1. Capital investi et flux nets

Capital investi

I = 600 000 + 950 000 + 650 000 = 2 200 000 €

Flux nets de trésorerie prévisionnels (sommes en k€)

- **Premier calcul (Flux net = Résultat net + Dotations) :**

	1	2 à 5
Marge/Coût variables – Charges fixes	900 600	1 800 990

☞

☞	1	2 à 5
= EBE	300	810
– Dotations	210	210
= Résultat brut	90	600
– IS	30	200
= Résultat net	60	400
+ Dotations	210	210
= Flux nets	270	610

- **Deuxième calcul (Recettes – Dépenses) :**

Année 1 ⇒ 300 – 30 = 270

Années 2 et suivantes ⇒ 810 – 200 = 610

Année 5 ⇒ 610 + 100 (valeur résiduelle) = 710 k€

2. Prise en compte du BFRE

L'augmentation du chiffre d'affaires entraîne celle du BFRE. En principe, les fonds finançant cette augmentation vont être immobilisés pendant la durée d'exploitation. Par conséquent, ces fonds font partie du montant investi.

Calcul des variations

Le BFRE est estimé à 36 jours de CAHT ou encore à 10 % du CAHT (1 an = 360 jours).

	1	2	3	4	5
BFRE	300	600	600	600	600
ΔBFRE	300	300	–	–	–

Modification des flux

En général, on considère que les augmentations du BFRE interviennent au début de l'exercice. La première s'ajoute au montant investi ; la suivante se retranche du flux de l'exercice 1.

	0	1	2	3	4	5
Flux initiaux	– 2 200	270	610	610	610	710
Flux corrigés	– 2 500	– 30	–	–	–	1 310(1)
(1) 710 + 2 × 300						

APPLICATION 3

Flux de sous-traitance

1. Détermination des flux

Capital investi

Il faut trouver le capital net engagé dans l'opération : 90 000 – 6 000 = **84 000**

Flux annuels générés pendant 5 ans

En contrepartie de la somme investie, la société va réaliser des économies ; ces économies auront pour conséquence d'augmenter le résultat, donc d'induire un impôt sur les sociétés supplémentaire. Elle pourra amortir les frais engagés dans la transformation des locaux, ce qui allégera cet impôt supplémentaire.
L'activité restant stable, le flux généré sera le même pour les cinq années :

	1 à 5
Économies (4 € × 9 000) – Dotations aux amortissements (90 000/5)	36 000 – 18 000
Montant imposable – IS	18 000 – 6 000
Montant net + Dotations	12 000 18 000
Flux net annuel	**30 000**

2. Actualisation à 5 %

$$30\,000 \frac{1-(1{,}05)^{-5}}{0{,}05} = \mathbf{129\,884{,}30}$$

Comparaison : on constate que les flux attendus actualisés sont nettement supérieurs au montant net investi, ce qui permet de porter un jugement positif sur le projet.

3. Taux de 5 %

Le taux d'actualisation correspond, en principe, au coût du capital du projet d'investissement.

APPLICATION 4

Remplacement

1. Flux totaux

Il y a 2 possibilités : I = 0 ou I = 6 000 000
On peut calculer les flux générés pour chacune des possibilités :

- **I = 0**

Capacité de production = 1 000 et ventes = 1 000
Le flux est identique pour toute la durée retenue :
F = 1 000 × 15 000 × 2/3 = **10 000 000 €**

- **I = 6 000 000**

Charges fixes supplémentaires dues au projet :
1 400 000 de C. fixes + 1 000 000 de dot. = 2 400 000
D'où :
Flux nets annuels = (1 200 × 15 000 – 2 400 000) × 2/3 + 1 000 000 = **11 400 000 €**

2. Flux supplémentaires

On peut aussi calculer les flux supplémentaires par rapport à la situation actuelle

- **I = 0**

Pas de flux supplémentaire ; la production (1 000 unités) reste la même.

- **I = 6 000 000**

Grâce au nouvel investissement la société peut produire et vendre 200 unités supplémentaires, ce qui génère un flux supplémentaire annuel (identique pour toute la durée du projet) :
F = (200 × 15 000 – 2 400 000) × 2/3 + 1 000 000 = **1 400 000**

Vérification : 11 400 000 – 10 000 000 = 1 400 000

APPLICATION 5

Coût du capital

1. Coût des capitaux propres

Il existe deux méthodes essentielles :

- **L'actualisation des dividendes futurs**

On considère qu'une action vaut la valeur actuelle des dividendes futurs calculée au taux de rentabilité t requis par les investisseurs, compte tenu du risque supporté. Si les dividendes sont constants et versés sur longue durée, on a :

$$V = \frac{D}{t}$$

- **Le modèle à deux facteurs**

Cette méthode est plus complexe et plus difficile à mettre en œuvre.

2. Coût du capital

Coût des capitaux propres

On sait que le titre vaut 158 pour un dividende annuel de 10, ce qui nous permet de trouver le taux correspondant (c'est-à-dire le taux exigé par les investisseurs) :

$$\frac{10}{158} = 6{,}33\ \%$$

La valeur à retenir pour les capitaux propres est leur valeur réelle ou valeur de marché. Pour une société cotée en bourse, on retient la capitalisation boursière.

Coût de l'emprunt

Les intérêts sont déductibles, ce qui permet de réduire le montant de l'IS. Par conséquent, il faut considérer le coût des dettes après IS :
5,4 % × 2/3 = 3,6 %

Coût moyen du capital

$$\frac{3{,}6\ \% \times 110 + 6{,}33\ \% \times 158}{\text{Total des capitaux permanents} = 110 + 158} = \mathbf{5{,}21\ \%}$$

APPLICATION 6

Coût du capital et modèle à deux facteurs

1. Capitalisation boursière

Il s'agit de la valeur boursière d'une société cotée. On l'obtient de la façon suivante :
Capitalisation boursière = Cours × Nombres d'actions dans le capital
Le cours fluctuant constamment, même à court terme, la capitalisation boursière varie également.

2. Coût des capitaux propres

Le coût de l'actif sans risque est de 3,8 % (taux des obligations d'État à 10 ans).

- **Société A :**
  $C_{cp} = 0,038 + 0,1 \times 1,1 - 0,2 \times 0,319 = \mathbf{8,42\ \%}$
- **Société B :**
  $C_{cp} = 0,038 + 0,1 \times 1,3 - 0,2 \times 0,367 = \mathbf{9,46\ \%}$

3. Coût du capital

Coût des dettes

Nous connaissons le coût des capitaux propres, il faut déterminer le coût *i* des dettes.

- **Société A :**

$(330 - 800 \times i) \times 2/3 = 200 \Rightarrow 200 \times 3/2 = 330 - 800 \times i$ ou $800 \times i = 30$
D'où : $i = 30/800 = 3,75\ \%$

- **Société B**

$(150 - 400 \times i) \times 2/3 = 88 \Rightarrow i = 4,5\ \%$

Coût du capital

Pour calculer le coût du capital, il faut prendre le coût des dettes net d'IS, soit :
– société A : 3,75 % × 2/3 = 2,5 %
– société B : 4,5 % × 2/3 = 3 %

Coût du capital :

- **Société A** : $\dfrac{1\,000 \times 8,42\ \% + 800 \times 2,5\ \%}{1\,800} = \mathbf{5,79\ \%}$

- **Société B** : $\dfrac{400 \times 9,46\ \% + 400 \times 3\ \%}{800} = \mathbf{6,23\ \%}$

4. Commentaire

La société B, de dimension plus petite, semble présenter un niveau de risque un peu plus élevé (β plus grand). Ce niveau de risque se traduit par un coût des capitaux propres et par un coût du capital supérieurs à ceux de la société A. Ces résultats vérifient le principe selon lequel le coût du capital est d'autant plus important que le risque présenté par la société est plus élevé.

CHAPITRE 13 Les critères de sélection des projets d'investissement

APPLICATION 1

Projet P

1. Flux nets de liquidités prévisionnels

- $F_0 = I = -900$
- Flux annuels :

Années	1	2 à 4
CAHT	900	1 200
Charges variables	360	480
Charges fixes	300	300
Dot. aux amortissements	180	180
Résultat avant impôt	60	240
Résultat net	40	160
Flux nets de liquidités	220	340

$F_5 = 360 + 10 = 370$

2. Calculs

VAN

$$VAN = 220(1{,}08)^{-1} + 340(1{,}08)^{-2} + 340(1{,}08)^{-3} + 340(1{,}08)^{-4} + (340 + 10)(1{,}08)^{-5} - 900$$

VAN = 353,21

TRI

$$900 = 220(1 + x)^{-1} + 340(1 + x)^{-2} + 340(1 + x)^{-3} + 340(1 + x)^{-4} + (340 + 10)(1 + x)^{-5}$$

TRI = 21 %

IP

$$\frac{220(1{,}08)^{-1} + 340(1{,}08)^{-2} + 340(1{,}08)^{-3} + 340(1{,}08)^{-4} + 350(1{,}08)^{-5}}{900}$$

IP = 1,39

Délai de récupération (d)

Terme du calcul	Flux actualisés à 8 % cumulés
• Au bout de 2 ans	495,20
• Au bout de 3 ans	765,10
• Au bout de 4 ans	1 015,01

On voit que le délai de récupération est compris entre 3 et 4 ans. Un calcul prorata temporis est nécessaire pour trouver un résultat précis (pour la dernière année) :

$$\frac{900 - 765{,}90}{1\,015{,}01 - 765{,}10} \times 360$$

d = 3 ans 194 jours

La VAN est largement positive et le TRI est très au-dessus du taux de rentabilité exigé par l'entreprise ; le projet est rentable.

Le délai de récupération doit être comparé à une durée maximum fixée par l'entreprise.

3. Courbe de la VAN en fonction du taux d'actualisation

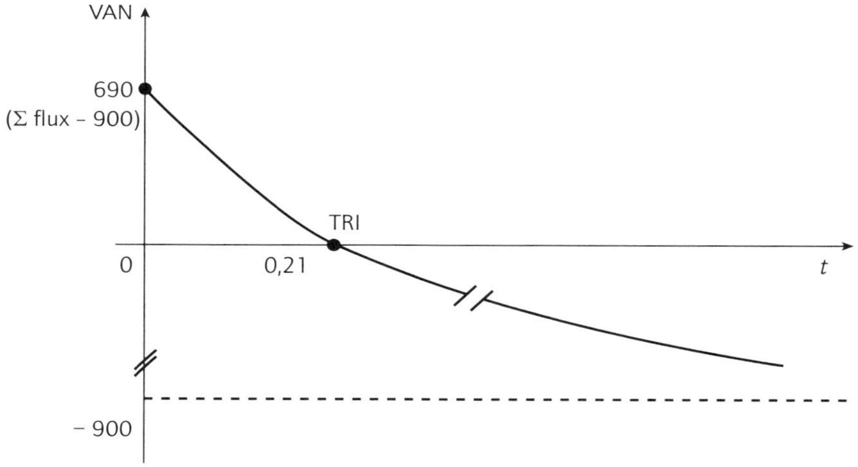

4. Seuil de rentabilité SR

- Charges fixes : 300 + 180 = 480
- Taux de marge sur coûts variables : $\frac{900 - 360}{900} = 0{,}6$

SR : $\frac{480}{0{,}6} = 800$

Marge de sécurité : CAHT – SR = 900 – 800 = 100

Indice de sécurité : $\frac{100}{900} = 11{,}11\ \%$

5. Investissement avec variations du BFRE

Si l'exploitation de l'investissement entraîne une augmentation durable du BFR, celle-ci doit être prise en compte comme un investissement dans les calculs de rentabilité.

La diminution du BFR libère des fonds jusque là investis et doit être assimilée à un complément de cash-flow.

Les variations de BFR sont censées se produire en début d'année.

Années	1	2 à 5	2 à 5
BFRE	75	100	100
ΔBFRE	75 (1)	25	0

(1) La 1re année, l'augmentation correspond à la totalité de l'augmentation générée par l'exploitation du projet.

Calcul de la VAN à 8 %

0	1	2	3	4	5
-900	220	340	340	340	350
- 75	- 25				+ 100

Montant investi à la date 0 : I = 900 + 75 = 975

Montant du 1er flux (à la fin de la 1re année) : 220 – 25 = 195

Montant total du dernier flux : 340 + 10 + (75 + 25) = 450

$$VAN = 195(1{,}08)^{-1} + 340(1{,}08)^{-2} + 340(1{,}08)^{-3} + 340(1{,}08)^{-4} + 450(1{,}08)^{-5} - 975$$

$$VAN = 323{,}13$$

APPLICATION 2

Variations de BFRE

1. Variations du BFRE

Les variations du BFRE sont supposées se produire dés le début de l'exercice.

Pour le premier exercice, il faut retenir la **totalité de l'augmentation**.

	1	2	3-4	5
BFRE	7 500	11 000	11 000	11 000
Δ BFRE	7 500	3 500	–	– 11 000
Prise en compte	À ajouter à l'investissement	À déduire du 1er flux	Rien	À rajouter au dernier flux

2. Flux nets attendus

Dotation : $\frac{80\,000}{8} = 10\,000$

	1	2 à 4
EBE	16 000	28 000
– Dotations aux amortissements	10 000	10 000
= Résultat brut	6 000	18 000
Résultat net	4 000	12 000
+ Dotations	10 000	10 000
= Flux nets prévisionnels	14 000	22 000

Il faut prendre en compte les variations de BFRE et la valeur résiduelle pour trouver les flux complets :

Valeur résiduelle nette d'IS : $30\ 000 \times \frac{2}{3} = 20\ 000$

	1	2 à 4	5
Flux nets	14 000 – 3 500 = 10 500	22 000	22 000 + 11 000 + 20 000 = 53 000

Montant investi (date 0) : 80 000 + 7 500 = 87 500

3. Calcul de la VAN à 8 %

$VAN = 10\ 500\ (1{,}08)^{-1} + 22\ 000\ (1{,}08)^{-2} + 22\ 000\ (1{,}08)^{-3} + 22\ 000\ (1{,}08)^{-4} + 53\ 000\ (1{,}08)^{-5} - 87\ 500$

VAN = 10 789,55

Conclusion : La VAN, au taux de 8 %, est positive. Les flux dégagés sont suffisants pour rémunérer le financement et récupérer le montant investi. Le projet doit donc être accepté.

4. Que peut-on dire du TRI ?

La VAN étant positive, on sait que le TRI est supérieur à 8 %.

APPLICATION 3

Investissement de capacité

1. VAN du projet

On raisonne sur les flux de trésorerie supplémentaires engendrés pendant la durée d'exploitation de l'investissement, soit 1 400 k€ pendant 6 ans :

$$VAN = 1\ 400\ \frac{1-(1{,}08)^{-6}}{0{,}08} - 6\ 000 = \mathbf{472{,}03\ k€}$$

2. TRIG

- **Valeur acquise A par le placement des flux à 4 %**

$$A = 1\ 400\ \frac{(1{,}04)^{6}-1}{0{,}04} = 9\ 286{,}17\ k€$$

- **TRIG =** ***x***

$6\ 000 = 9\ 286{,}17\ (1 + x)^{-6} \Rightarrow \mathbf{x = 7{,}55\ \%}$

3. Conclusion

La VAN est positive. Le TRIG calculé en faisant l'hypothèse d'un réinvestissement des flux à un taux de 4 % (au lieu de 8 %) est inférieur au coût du capital, ce qui s'explique par la faiblesse du taux du réinvestissement.

APPLICATION 4

Questions diverses

1. La VAN peut être négative. Elle l'est à partir du moment où la valeur actuelle des flux devient inférieure au montant investi.
2. Si le projet est satisfaisant, c'est que la VAN est positive.
   Si la VAN calculée à un certain taux est positive, le TRI est supérieur à ce taux.
3. Le calcul des flux est effectué sans tenir compte du financement car on cherche à évaluer la rentabilité économique du projet (indépendamment du financement).
   On fait l'hypothèse que l'entreprise est propriétaire de l'investissement, ce qui implique que l'on calcule des dotations aux amortissements.
4. Ce projet n'est pas acceptable. En effet, quand on fait le total des flux attendus, on trouve un total de 100. Une fois actualisés, ces flux seront inférieurs à 100, c'est-à-dire au montant de l'investissement.
5. La VAN est forcément positive. Elle serait nulle si le TRI était de 6,10 % et négative si le TRI était inférieur à 6,10 %.
6. Oui. Les dotations aux amortissements interviennent dans le calcul des flux.
   Le total des flux ne serait pas modifié ; l'économie d'IS générée par les amortissements se produirait plus tôt dans le temps. Autrement dit, les premiers flux seraient un peu plus élevés (et les derniers un peu plus faibles). La rentabilité sera donc un peu plus forte en cas d'amortissement rapide.
7. Le délai de récupération est un critère de rentabilité puisque pour la durée de référence fixée, le capital investi doit être récupéré. Mais c'est aussi un critère de risque qui ne conduit pas au choix des investissements les plus rentables (on retient ceux qui sont plus rentables au début).

APPLICATION 5

Investissement de remplacement

Le plus simple consiste à calculer la VAN différentielle à partir de la somme supplémentaire investie et des flux de liquidités supplémentaires obtenus.

Somme nette investie début N+1

• Valeur HT du nouvel investissement :	720 000
• Produit de cession de l'ancien équipement :	– 108 000
• Économie d'impôt/moins-value de cession :	– 20 000
VNC = 420 000 – 420 000 × 20 % × 3 = 168 000	
Moins-value : 168 000 – 108 000 = 60 000	
Économie d'impôt = 60 000 × 33 1/3 % = 20 000	
Montant net investi :	592 000

Flux supplémentaires générés

	(N+1) et (N+2)	(N+3) à (N+5)
CAHT supplémentaire 140 × 2 000	280 000	280 000
– Δ coût de production variable	– 78 000[1]	– 78 000
– Δ frais fixes	– 50 000	– 50 000
– Δ amortissements	– 60 000[2]	– 144 000[2]
Résultat supplémentaire	92 000	8 000
Résultat net d'impôt	61 333	5 333
Flux supplémentaires	121 333	149 333

(1) • Ancien coût de production variable = 75 × 10 000 = 750 000
• Nouveau coût de production variable = 12 000 (75 × 0,6 + 75 × 0,4 × 0,8) = 828 000
• 828 000 – 750 000 = 78 000

(2) • 2 premières années :
Amortissement du nouveau matériel : 720 000 × 20 % = 144 000
Amortissement de l'ancien matériel : 420 000 × 20 % = 84 000
Δ amortissement = 60 000
• 3 années suivantes : il n'y a plus de dotation au niveau de l'ancien matériel, celui-ci étant totalement amorti fin (N+2).

VAN différentielle

$121\,333\,(1{,}12)^{-1} + 121\,333\,(1{,}12)^{-2} + 149\,333\,(1{,}12)^{-3} + 149\,333\,(1{,}12)^{-4}$
$+ (149\,333)\,(1{,}12)^{-5} - 592\,000 = -\,101\,009$

Conclusion

Investir une somme nette de 592 000 € entraînerait une diminution de la VAN par rapport à la solution qui consiste à conserver l'ancien équipement.
Le remplacement n'est donc pas judicieux d'un point de vue financier.

APPLICATION 6

Comparaison de deux projets

1. Calcul du TRI et de la VAN pour I_1

- VAN = $90(1{,}08)^{-1} + 20\,(1{,}08)^{-2} + 20\,(1{,}08)^{-3} - 100 =$ **16,36 €**
- TRI : est solution de l'équation :

$$100 = 90\,(1+x)^{-1} + 20\,(1+x)^{-2} + 20\,(1+x)^{-3}$$

$$x \simeq 20{,}41\ \%$$

Calcul du TRI et de la VAN pour I_2

- VAN = $10\,(1{,}08)^{-1} + 20\,(1{,}08)^{-2} + 130\,(1{,}08)^{-3} - 100$ = **29,60 k€**
- TRI : Solution de :

$$100 = 10\,(1+x)^{-1} + 20\,(1+x)^{-2} + 130\,(1+x)^{-3}$$

$$\boxed{x \simeq 18{,}85\ \%}$$

2. Taux d'indifférence

Soit t ce taux, on a :

$$90\,(1+t)^{-1} + 20\,(1+t)^{-2} + 20\,(1+t)^{-3} - 100 =$$
$$= 10\,(1+t)^{-1} + 20\,(1+t)^{-2} + 130\,(1+t)^{-3} - 100$$

ou

$$80\,(1+t)^{-1} - 110\,(1+t)^{-3} = 0$$
$$80 - 110\,(1+t)^{-2} = 0$$
$$(1+t)^2 = \frac{110}{80} = 1{,}375$$

$$\boxed{t \simeq 17{,}26\ \%}$$

3. Courbes des variations des VAN (tracé approximatif)

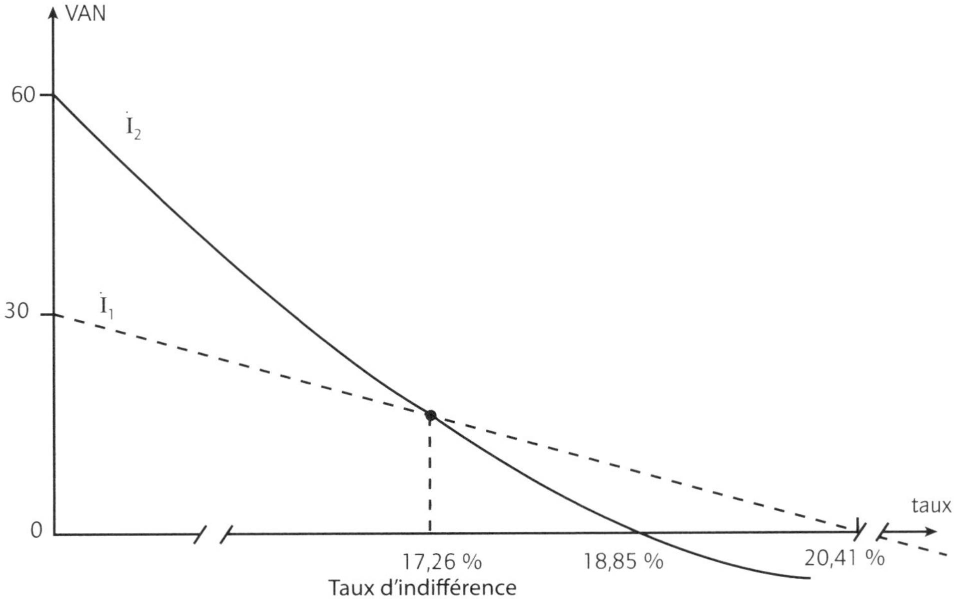

4. Condition de contradiction entre TRI et VAN

Refaisons un schéma plus explicite que le précédent :

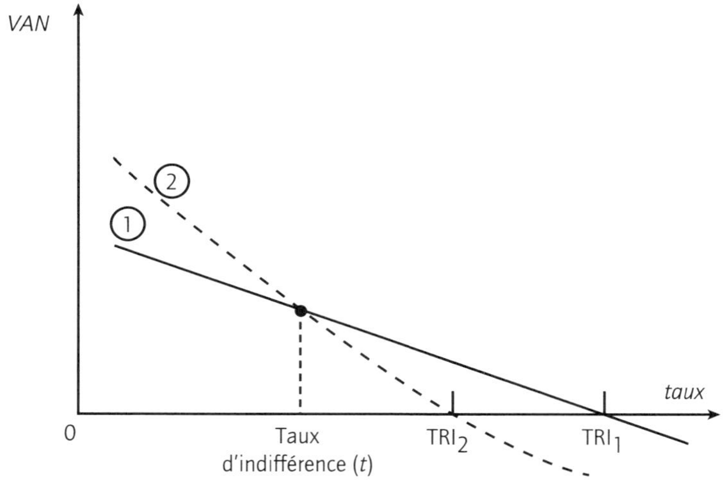

Pour qu'il y ait contradiction, il faut que le taux d'actualisation (α) auquel est calculée la VAN soit inférieur au taux d'indifférence.

Pour $0 < \alpha < t$: contradiction.

Pour $\alpha = t$: indifférence (VAN égales).

Pour $t > \alpha$: concordance entre TRI et VAN.

5. Taux pour lequel VAN = 0

Ce taux n'est autre que le taux de rentabilité interne.

En effet, si l'on a VAN = 0, c'est-à-dire :

$$\sum_{p=1}^{n} C_p \, (1+t)^{-p} - I = 0$$

on a donc, aussi :

$$I = \sum_{p=1}^{n} C_p \, (1+t)^{-p}$$

équation par laquelle se définit le TRI.

• • • • • •

CAS 1

Entreprise Vernet

1. Intérêt de la méthode du besoin en fonds de roulement normatif

- Elle permet de connaître le niveau moyen du BFR et de fixer le niveau souhaitable pour le FRNG (afin de limiter les problèmes de trésorerie).
- La décomposition entre temps d'écoulement et coefficient de pondération donne des informations utiles pour la gestion et permet de déceler d'éventuelles anomalies.
- Elle constitue un outil de prévision, notamment dans l'hypothèse d'un changement du niveau d'activité.
- Elle permet d'effectuer des comparaisons avec les normes de la profession.

2. Évaluation du besoin en fonds de roulement d'exploitation

Postes	Durée	Coefficient	Emplois	Ressources
Stock de meubles	45	0,4	18	
Stock de tissus	45	0,3	13,5	
Stock de vaisselle	30	0,2	6	
Créances clients collectivité	60	0,2 × 1,20 = 0,24	14,4	
Dettes fournisseurs Asie	60	0,9 (0,4 + 0,3 + 0,2)		54
Dettes fournisseurs Autres	30	0,1 × 1,20 = 0,12		3,6
Totaux			51,9	57,6
BFRE en jours de CAHT				– 5,7

3. Commentaires

Financement des stocks

Les stocks sont totalement financés par le crédit fournisseurs.

Conséquences financières du niveau du BFRE

- L'effet d'un BFRE faible ou négatif sur la trésorerie est positif ; les postes concernés ici dégagent une ressource nette permettant de financer un autre poste du bilan.
- L'équilibre financier est plus facile à atteindre dans cette situation, les ressources durables n'étant pas mobilisées pour financer le BFRE.
- La croissance peut être financée plus facilement ; les ressources dégagées (CAF...) ne sont pas affectées au BFRE.

CAS 2

Flux et EBE

1. Calcul des flux nets attendus

	1	2	3	4	5
EBE	75 000	75 000	90 000	90 000	75 000
– Dotations	60 000	60 000	60 000	60 000	60 000
= Résultat brut d'exploitation	15 000	15 000	30 000	30 000	15 000
– IS	5 000	5 000	10 000	10 000	5 000
= Résultat net	10 000	10 000	20 000	20 000	10 000
+ Dotations	60 000	60 000	60 000	60 000	60 000
= Flux nets d'exploitation	70 000	70 000	80 000	80 000	70 000

2. EBE nets d'IS

On remarque que les amortissements sont retirés pour trouver le résultat, puis rajoutés pour calculer les flux. Il est donc possible de ne pas les prendre en compte et de dire que :
Flux nets d'exploitation = EBE – IS

Vérification :

	1	2	3	4	5
EBE	75 000	75 000	90 000	90 000	75 000
– IS	5 000	5 000	10 000	10 000	5 000
= Flux nets d'exploitation	70 000	70 000	80 000	80 000	70 000

Conclusion :

Les dotations aux amortissements n'interviennent qu'au niveau de l'impôt. Elles diminuent le résultat imposable, donc l'IS à payer (l'IS est diminué d'1/3 de la dotation si le taux d'imposition est de 1/3). En dehors de cet impact fiscal, les dotations n'ont pas d'influence sur les flux générés par le projet.

3. Critères de choix, intérêt et limites de ces critères

• La **VAN** consiste à ramener l'ensemble des flux de trésorerie générés par le projet à sa date d'investissement (en les actualisant). Le projet est acceptable si la VAN est positive.

Intérêt : la VAN montre la création de valeur attendue du projet.

Limite : la VAN ne permet pas de comparer des projets de taille différente.

• Le **taux de rendement interne** (TRI) est le taux pour lequel il y a égalité entre les flux actualisés et le montant investi. Le projet est acceptable si le TRI est supérieur au taux exigé par l'entreprise (en principe, coût du capital).

Intérêt : le TRI permet de comparer plusieurs projets.

Limite : le résultat est parfois en contradiction avec celui donné par la VAN.

• Le **délai de récupération du capital investi** (DR) correspond à la durée nécessaire pour récupérer le montant investi, les flux de trésorerie étant actualisés.

On retient le projet dont le DR est le plus faible.

Intérêt : le DR permet de réduire l'incertitude en repérant les projets qui présentent le moins de risques.

Limite : le projet retenu n'est pas forcément le plus rentable.

4. Y a-t-il création de valeur ?

On estime qu'il y a création de valeur si la VAN actualisée au coût du capital est positive. Dans ce cas, la société couvre le coût du financement, récupère le montant investi et dégage un surplus qui peut être considéré comme un enrichissement.

$$VAN = 70\,000\,(1{,}054)^{-1} + 70\,000\,(1{,}054)^{-2} + 80\,000\,(1{,}054)^{-3} + 80\,000\,(1{,}054)^{-4} + 70\,000\,(1{,}054)^{-5} - 300\,000$$

VAN = **16 384,65 €**

5. Intérêt du projet

La VAN est positive, mais d'un montant faible comparé au montant investi. Compte tenu de l'imprécision attachée aux prévisions, on ne peut affirmer que ce projet sera créateur de valeur pour la société.

CHAPITRE

14 Le financement par fonds propres

APPLICATION 1

Next Stage

1. Nombre d'actions émises

53 300 000 / 102 ≃ **522 549 actions**

2. Montant net

La société doit faire face à des frais d'émission : frais de publication et rémunération des intermédiaires. On a : Produit net = Produit brut – Frais d'émission

3. Montant du DPS

Valeur de l'action après l'augmentation :

$$\frac{104,51 \times 11 + 102 \times 4}{15} = 103,84 \text{ €}$$

Valeur du DPS = Valeur de l'action avant – Valeur de l'action après

DPS = 103,84 – 102 = **1,84 €**

4. Choix de M. Delcloup

M. Delcloup possède 60 DPS, ce qui lui donne droit à titre irréductible à :

$$\frac{60 \times 4}{11} = 21,82 \text{ actions}$$

Comme on ne peut pas fractionner les actions et que le nombre souscrit doit être un multiple de 4, M. Delcloup a le choix entre souscrire 20 actions ou souscrire 24 actions.

Souscription de 20 actions

Il devra présenter : $\frac{20 \times 11}{4} = 55$ DPS

Donc, il pourra revendre 5 DPS.

Souscription de 24 actions

Il lui faut : $\frac{24 \times 11}{4} = 66$ DPS

Il devra donc acheter 6 DPS supplémentaires.

APPLICATION 2

Augmentation de capital de la société KP

1. Parité de souscription

$$\frac{20\,000}{10\,000} = 2$$

Il faut 2 droits préférentiels de souscription (DPS) pour souscrire une action nouvelle. Il y en a 20 000.

2. Montant théorique du droit de souscription

DPS = Valeur de l'action avant – Valeur de l'action après l'augmentation

Valeur après :

$$\frac{90{,}60 \times 20\,000 + 81 \times 10\,000}{30\,000} = 87{,}40\text{ €}$$

DPS = 90,60 – 87,40 = **3,20 €**

3. Mme Bouron

Souscriptions à titre irréductible

Mme Bouron a le droit de souscrire à titre irréductible :

$$\frac{120}{2} = 60\text{ actions}$$

Somme à débourser

Grâce à ses 120 actions anciennes, Mme Bouron dispose des 120 DPS nécessaires.
Par conséquent, elle ne doit payer que le seul prix d'émission, soit : 60 × 81 = **4 860 €**

4. M. Gobi

M. Gobi a 180 DPS qu'il peut vendre en bourse, s'il ne veut pas les utiliser pour souscrire de nouvelles actions, et récupérer : 180 × 3,20 = 576 €

Patrimoine avant :

180 × 90,60 = 16 308 €

Patrimoine après :

Actions : 180 × 87,40 =	15 732 €
Vente des DPS :	576 €
	16 308 €

La composition du patrimoine de M. Gobi est légèrement modifiée, mais sa valeur globale est inchangée au moment de l'émission.

APPLICATION 3

Augmentation de capital de Gecina

1. Valeur théorique du droit de souscription

Valeur de l'action après l'augmentation :

$$\frac{139,64 \times 7 + 110,50 \times 1}{8} = 135,9975 \text{ €}$$

Valeur du DPS : 139,64 – 135,9975 = **3,64 €**

2. Date de jouissance

C'est la date à partir de laquelle l'actionnaire aura droit au dividende. Les nouvelles actions donneront droit au dividende entier pour l'année 2017.

3. Montant brut

C'est le montant obtenu grâce à l'augmentation avant déduction des frais relatifs à l'opération : 9 062 091 × 110,50 = **1 001 361 056 €**

4. Prime d'émission

Le prix d'émission se décompose en :

- Valeur nominale : 7,50
- Prime d'émission : 110,50 – 7,50 = 103

Prime d'émission totale : 103 × 9 062 091 = **933 395 373 €**

5. Actionnaire

Nombre d'actions nouvelles souscrites

L'actionnaire peut souscrire :

$$\frac{110 \times 1}{7} = 15,7 \text{ actions}$$

Le nombre d'actions souscrites doit être un multiple de 1. Par conséquent, il souscrira 15 actions.

Pour cela, il utilisera :

$$\frac{15 \times 7}{1} = 105 \text{ DPS}$$

Il vendra 5 DPS et obtiendra : 5 × 3,64 = 18,20 €

Somme nette déboursée

• Prix d'émission : 15 × 110,50 =	1 657,50
• Vente des DPS :	– 18,20
Montant net :	1 639,30

APPLICATION 4

Augmentation de capital Peugeot

1. Souscription à titre irréductible et réductible

Souscription à titre irréductible

C'est la souscription qui peut être faite en utilisant strictement les DPS attachés aux actions anciennes. Le nombre d'actions souscrites à titre irréductible est calculé à partir du nombre de droits détenus et de la parité de souscription (ici : 7 actions nouvelles pour 12 anciennes).

Souscription à titre réductible

Les anciens actionnaires peuvent demander des actions supplémentaires au cas où les actions nouvelles n'auraient pas toutes été souscrites à titre irréductible. On procède à une affectation à titre réductible, généralement proportionnellement aux droits préférentiels détenus.

2. Montant de l'augmentation de capital

• Prime d'émission : 288 506 351 × 5,77 =	1 664 681 645,27 €
• Nominal : 288 506 351 × 1 =	288 506 351,00 €
Augmentation totale :	1 953 187 996,27 €

3. Actionnaire

Nombre d'actions pouvant être souscrites à titre irréductible

$$\frac{840 \times 7}{12} = 490 \text{ actions}$$

Montant à verser

L'actionnaire ayant le nombre de droits de souscription (DPS) nécessaires pour souscrire 70 actions nouvelles, il doit payer le seul prix d'émission :
490 × 6,77 = 3 317,30 €

4. Souscription d'actions supplémentaires

Pour souscrire des actions supplémentaires, l'actionnaire doit :
- souscrire à titre réductible le nombre d'actions souhaitées. Il n'est pas certain d'obtenir les actions demandées ; si tous les anciens actionnaires exercent leurs droits à titre irréductible, il n'y aura pas de souscription à titre réductible ;
- acheter les DPS nécessaires puisqu'il a déjà utilisé tous les DPS attachés aux actions anciennes (à la bourse ; la société Naturex étant cotée, les bons le sont pendant la période de souscription).

Il aura à payer le prix d'acquisition des DPS ainsi que le prix d'émission des actions supplémentaires.

APPLICATION 5

Augmentation de capital Naturex

1. Vérification du montant théorique *d* du DPS

Valeur de l'action après l'augmentation :

$$\frac{66{,}36 \times 6 + 1 \times 51{,}25}{7} = 64{,}20$$

$d = 66{,}36 - 64{,}20 = 2{,}16$

2. Montants

Montant de l'augmentation nominale de capital

1 311 758 × 1,50 = 1 967 637

Montant de la prime d'émission

1 311 758 × (51,25 – 1,50) = 65 259 960,50

3. Holding

Nombre d'actions à souscrire

Pour garder son taux de participation, la société doit acquérir 15,10 % des actions nouvelles.
Soit : 1 311 758 × 15,10 % = 198 075 actions

Situation financière

- **Avant l'augmentation**

La holding avait : (1 311 758 × 6) × 0,151 = 1 188 453 actions
Valeur : 1 188 453 × 66,36 ≈ 78 865 741 €

- **Après l'augmentation**

La holding possède : 1 188 453 + 198 075 ≈ 1 386 528 actions
Valeur : 1 386 528 × 64,20 ≈ 89 015 098
Mais la société a dû débourser : 198 075 × 51,25 ≈ 10 151 344 €
Situation nette : 89 015 098 – 10 151 344 = 78 863 754 €

- **Conclusion**

La situation est sensiblement la même avant et après l'augmentation. La différence provient des arrondis, notamment de celui de la valeur de l'action après l'augmentation.

APPLICATION 6

Augmentation de capital Technicolor

1. Droits attachés aux actions

L'actionnaire bénéficie de plusieurs droits ; notamment :

- Droit aux bénéfices et aux réserves : il reçoit une part du bénéfice distribué (le dividende) et éventuellement des réserves (si distribution d'actions gratuites).

- Droit de vote lors de l'assemblée générale annuelle. Sauf exception, une action confère un droit de vote.
- Droit à l'information. Pour les sociétés cotées, la diffusion des informations (nature, périodicité) est strictement réglementée.
- Droit à la négociation : l'action est librement cessible à tout instant.

2. Prime d'émission

(4,70 – 1) × 48 376 485 = 178 992 994,50 €

3. Valeur théorique du DPS

- Valeur de l'action avant : 6,508 €
- Valeur après :

$$\frac{6{,}508 \times 7 + 1 \times 4,7}{8} = 6{,}282$$

DPS = 6,508 – $6{,}28^2$ = 0,226 €

4. Nombre total d'actions après l'augmentation

48 376 485 × 8 = 387 011 880

5. M. Linchemi

Nombre d'actions pouvant être souscrites à titre irréductible : 52/7 = 7,47

M. Linchemi peut donc souscrire 7 actions nouvelles.

1re situation (souscription de 7 actions)

Son patrimoine est constitué de : 52 + 7 = 59 actions valant 6,282 (théoriquement).

Soit : 59 × 6,282 =	370,638
Il a dû débourser :	
– 7 × 4,70 =	– 32,90
+ 3 × 0,226 (vente de 3 DS) =	+ 0,678
Patrimoine net :	338,416

2e situation (pas d'actions nouvelles)

Son patrimoine est constitué de 52 actions, mais il a vendu ses 52 DPS ; il a :

52 × 6,282 + 52 × 0,226 = 338,416

On voit que son choix est financièrement neutre au moment de l'augmentation de capital.

(La petite différence est due aux arrondis.)

APPLICATION 7

Émission de BSA

1. Calendrier

Le véritable calendrier de l'opération est plus complet que celui donné dans le texte.

La première étape consiste à demander l'autorisation de procéder à l'opération à l'assemblée générale des actionnaires. Ensuite, le conseil d'administration doit fixer les modalités de l'opération (quantité, date...) et effectuer certaines formalités (notamment, demande de visa auprès de l'AMF, information d'Euronext).

2. Exercice des BSA

Les détenteurs de BSA auront intérêt à les exercer dès lors que le cours de l'action sera supérieur au prix d'exercice, soit 7,70 €.

3. Nombre d'actions émises

Si tous les bons sont exercés, le nombre de nouvelles actions sera de :
(16 203 616 + 3 500 000)/10 = 1 970 362
Produit obtenu :
1 970 362 × 7,70 ≈ 15 171 787 €

4. Valeur théorique du BSA pour un cours de l'action à 5,82 €

À la date du 24.11.2014, le cours de 5,82 € est inférieur au prix d'exercice fixé. Les actionnaires n'ont pas intérêt à exercer leurs bons.

La valeur intrinsèque du bon est nulle. Toutefois, si le marché pense que le cours peut atteindre le prix d'exercice avant la fin de la période de souscription, le bon peut avoir une valeur spéculative.

5. Bon coté 1,10 €

- **Valeur intrinsèque :**

$$\frac{\text{Cours de l'action} - \text{Prix d'exercice}}{10} = \frac{8,42 - 7,70}{10} = 0,07$$

- **Valeur spéculative :**

1,10 – 0,07 = 1,03

APPLICATION 8

Bons de souscription d'actions

1. Décomposition de la valeur du bon fin septembre N

- Valeur intrinsèque : (118,85 – 89,65)/20 = **1,46** €
- Valeur temps : 2,72 – 1,46 = **1,26** €

2. Calcul du cours anticipé à l'échéance par le marché à fin septembre N

20 × 1,26 + 89,65 = **114,85** €

Fin septembre, les investisseurs anticipent une hausse du cours de l'action à l'échéance jusqu'au niveau de 114,85 €.

3. Décisions possibles du trésorier fin septembre N relativement à ces BSA

Il peut :
– vendre les BSA ;
– exercer les BSA et souscrire 50 actions nouvelles à 89,65 € ($50 = 1\,000 \times \frac{1}{20}$) ;
– les conserver et prendre une décision ultérieurement d'ici à l'échéance.

4. Variation du cours théorique du bon si le cours de l'action augmente de 25 % dans les prochains mois

Cours de l'action si augmentation de 25 % : 118,85 × 1,25 = 148,56

Valeur du bon :

– valeur intrinsèque : (148,56 – 89,65)/20 =	2,95
– valeur temps :	1,26
	4,21

Hausse du cours du bon : (4,21 – 2,72)/2,72 = **54,8 %**

5. Variation si le cours de l'action baisse de 25 %

Cours de l'action = 118,85 × 0,75 = 89,14

Valeur du bon :

– valeur intrinsèque : 0 (la valeur intrinsèque ne peut pas être négative) :	0
– valeur temps :	1,26
	1,26

Baisse du cours du bon : (1,26 – 2,72)/2,72 = – **53,7 %**

6. Conclusion des résultats

Le bon de souscription présente un effet de levier important.
C'est un produit très spéculatif et risqué.

7. Évaluation du portefeuille en décembre N de la société NITA en fonction des différents choix possibles fin septembre N

Calculs

	BSA exercés en septembre	BSA vendus en septembre	BSA conservés en portefeuille
Actions	1 050 × 132,05 = 138 652,50	1 000 × 132,05 = 132 050	1 000 × 132,05 = 132 050
Bons	–	–	1 000 × 3,31 = 3 310
Liquidités	– 50 × 89,65[1] = – 4 482,50	1 000 × 2,72 = 2 720	–
Valeur du patrimoine	**134 170**	**134 770**	**135 360**

(1) 89,65 = prix d'émission des actions souscrites

Conservation des bons

En souscrivant, le trésorier ne bénéficie pas de la valeur temps des bons.
En vendant les bons, il ne bénéficie plus de leur hausse (qui est supérieure à celle du sous-jacent).
Par conséquent, il a eu raison de conserver les bons jusqu'en décembre.

CHAPITRE

15 Le financement par endettement et par crédit-bail

APPLICATION 1

Modes de financement

1. Principaux types d'investissements

Un investissement ne peut être à court terme, il suppose une indisponibilité des fonds investis pendant plusieurs années.

Plusieurs typologies peuvent être proposées, en particulier les deux suivantes :

1) Premier classement :
- investissements immatériels ;
- investissements corporels ;
- investissements financiers.

2) Deuxième classement :
- investissements de maintien ou de renouvellement ;
- investissements de modernisation ou de productivité ;
- investissements de croissance, d'expansion.

2. Principaux modes de financement dans une PME

	Avantages	Inconvénients
Financement par auto-financement	• Augmente l'indépendance financière de l'entreprise • N'entraîne aucune obligation de décaissement	• Il Suppose une profitabilité suffisante de l'activité (c'est-à-dire une CAF d'un montant suffisant) • Il suppose que la trésorerie correspondante soit disponible
Financement par augmentation de capital en numéraire	• Augmente la garantie des tiers • Ne génère aucun remboursement	• Suppose la volonté et la capacité des actionnaires à souscrire • Peut provoquer des effets de dilution
Financement par emprunt	• Permet éventuellement de bénéficier d'un effet de levier financier	• Augmente le risque • Structure financière dégradée
Financement par crédit-bail	• Permet de diminuer les décaissements initiaux • Dans certains cas, permet de mieux suivre le progrès technique	• Généralement onéreux, il contribue donc à dégrader la profitabilité et la rentabilité

APPLICATION 2

Simulation

1. Montant de l'annuité

On a : $a = 200\,000 \dfrac{0{,}04}{1-(1{,}04)^{-n}}$

Le montant de l'annuité dépend de la durée de remboursement :

Durée de l'emprunt	5	6	7	8
Montant de l'annuité	44 925,42	38 152,38	33 321,92	29 705,57

2. Choix d'une durée

Si le montant de l'annuité ne doit pas dépasser 35 000 €, la durée à retenir est de 7 ou 8 ans.

3. Évolution des amortissements

En cas d'annuités constantes, les intérêts diminuent régulièrement. Par conséquent, la somme disponible pour le remboursement augmente. Les amortissements constituent une suite géométrique dont la raison est égale à : 1 + taux (ici : raison = 1,04).

APPLICATION 3

Tableaux d'amortissement

1. Tableaux d'amortissement

Amortissements constants

Nombre d'obligations amorties chaque année : 500 000/5 = 100 000, ce qui correspond à un amortissement annuel de 10 000 000.

Coupon d'intérêts : 100 × 4,2% = 4,20

Tableau :

Périodes	Obligations vivantes	Intérêts	Amortissement	Annuité
1	500 000	2 100 000	10 000 000	12 100 000
2	400 000	1 680 000	10 000 000	11 680 000
3	300 000	1 260 000	10 000 000	11 260 000
4	200 000	840 000	10 000 000	10 840 000
5	100 000	420 000	10 000 000	10 420 000

Amortissement in fine

Les quatre première annuités sont identiques et ne comprennent que des intérêts.

Périodes	Obligations vivantes	Intérêts	Amortissement	Annuité
1	500 000	2 100 000	-	2 100 000
2	500 000	2 100 000	-	2 100 000
3	500 000	2 100 000	-	2 100 000
4	500 000	2 100 000	-	2 100 000
5	500 000	2 100 000	50 000 000	52 100 000

2. Taux de rendement actuariel brut à l'émission

Il s'agit d'un emprunt obligataire sans prime de remboursement (E = V = R) ; par conséquent, on a : taux de rendement actuariel = taux nominal = **4,2 %**.

APPLICATION 4

Emprunt PPR

1. Annuité constante *a*

On sait que le montant emprunté est équivalent à la valeur actualisée, au taux de 5 %, des 4 annuités de remboursement :

$$500\,000 = a\,\frac{1-(1{,}05)^{-4}}{0{,}05}$$

D'où :

$$a = 500\,000\,\frac{0{,}05}{1-(1{,}05)^{-4}} \Rightarrow \mathbf{a = 141\,005{,}92}$$

2. Décomposition de la 1re annuité

Une annuité est la somme de deux éléments :

– les intérêts calculés sur le capital restant dû ;

– le remboursement partiel de l'emprunt.

Avec un remboursement par annuités constantes, les intérêts diminuent chaque année alors que la partie remboursement augmente.

Pour la 1re annuité, on a :

– intérêts = 500 000 × 5 % = 25 000

– remboursement : 141 005,92 – 25 000 = 116 005,92

3. Coût de l'emprunt

Il faut tenir compte des frais retenus par la banque. La société n'a finalement disposé que de : 500 000 – 4 000 = 496 000

Pour rembourser, la société PPR doit verser 4 annuités de 141 005,92 €.

Soit t le taux cherché ; on a :

$$496\,000 = 141\,005{,}92\,\frac{1-(1+t)^{-4}}{t} \Rightarrow \mathbf{t = 5{,}35\ \%}$$

APPLICATION 5

Taux de rendement actuariel brut

1. Tableau d'amortissement

Si R = 102 , les amortissements sont plus importants (10 200 000 € par an) et les annuités modifiées.

Périodes	Obligations Vivantes	Intérêts	Amortissement	Annuité
1	500 000	2 100 000	10 200 000	12 300 000
2	400 000	1 680 000	10 200 000	11 880 000
3	300 000	1 260 000	10 200 000	11 460 000
4	200 000	840 000	10 200 000	11 040 000
5	100 000	420 000	10 200 000	10 620 000

2. Taux de rendement actuariel brut *t*

L'emprunt n'étant pas in fine, il n'est pas possible de simplifier le calcul ; pour trouver le taux de rendement, il faut actualiser les annuités comme suit :

$$500\,000 \times 100 = 12\,300\,000\,(1+t)^{-1} + 11\,880\,000\,(1+t)^{-2} + 11\,460\,000\,(1+t)^{-3} + 11\,040\,000\,(1+t)^{-4} + 10\,620\,000\,(1+t)^{-5}$$

On trouve : t = **4,85 %**

Commentaire : la prime de remboursement (de 2 € par obligation) constitue une rémunération complémentaire qui se traduit par une augmentation de 0,65 % du taux de rendement.

3. Taux de rendement d'un obligataire particulier

Schéma des flux

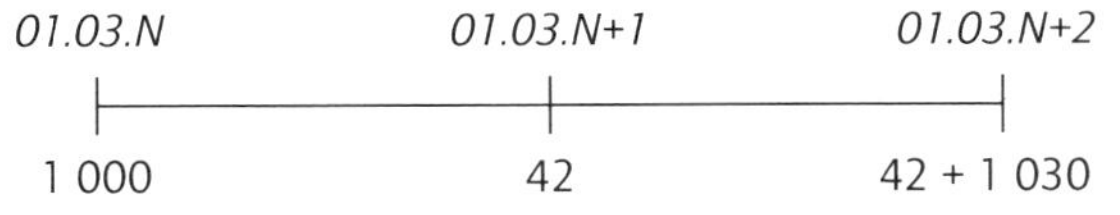

Taux effectif de placement

Il faut résoudre l'équation : $1\,000 = 42\,(1+t)^{-1} + 1\,072(1+t)^{-2}$

L'égalité est vérifiée pour t = **5,66 %**

APPLICATION 6

Emprunt Océane Faurecia

1. Définition de l'obligation Océane

Une obligation Océane est une obligation pouvant, à l'échéance, être échangée contre une action créée par l'émetteur ou déjà détenue par l'émetteur (par rachat en bourse).

L'obligataire a le choix entre demander la conversion en action ou obtenir le prix de remboursement prévu lors de l'émission. La décision dépend du niveau du cours de l'action ; il y aura conversion si le cours de l'action est supérieur ou égal au prix de remboursement.

2. Coupons d'intérêts

Montant du coupon annuel

19,48 × 3,25 % = **0,63 €**

Montant du premier coupon

- Durée : 13 + 31 + 30 + 31 = 105 jours
- Coupon : $\frac{19{,}48 \times 3{,}25\ \% \times 105}{365} = 0{,}18$ €

3. Faible taux

Les obligations convertibles en actions présentent un caractère spéculatif.

Les obligataires acceptent un taux bas car ils espèrent que le cours de l'action va monter et dépasser, avant l'échéance de l'emprunt, le prix de remboursement de l'obligation.

4. Nombre d'obligations émises

$$\frac{250\ 000\ 000}{19{,}48} = 12\ 833\ 675$$

5. Taux de rendement actuariel brut *t*

Les obligations sont émises et remboursées au pair.

Par conséquent, il n'est pas nécessaire de faire un calcul.

On a : ***t* = 3,25 %**

APPLICATION 7

Emprunt obligataire remboursé *in fine*

1. Avantages et inconvénients

- *Avantages* : Trésorerie non pénalisée pendant plusieurs années, calculs et gestion simplifiés.
- *Inconvénients* : Il faut disposer d'une trésorerie importante la dernière année de l'emprunt ; la structure financière reste obérée par l'emprunt pendant toute sa durée.

2. Tableau d'amortissement

Montant du coupon d'intérêts annuel : 200 × 4,4 % = 8,80 €

Périodes	Obligations vivantes	Intérêts	Amortissement	Annuité
1	1 000 000	8 800 000	-	8 800 000
2	1 000 000	8 800 000	-	8 800 000
3	1 000 000	8 800 000	-	8 800 000
4	1 000 000	8 800 000	-	8 800 000
5	1 000 000	8 800 000	200 000 000	208 800 000

3. Taux de rendement actuariel brut à l'émission t

Il est possible de raisonner pour une obligation :

$$198 = 8{,}8\ \frac{1-(1+t)^{-5}}{t} + 200(1+t)^{-5}$$

On trouve : t **= 4,63 %**

APPLICATION 8

Émission d'Oceane Artea

1. Montant brut de l'opération

1 099 265 × 14 = 15 389 710 €

2. Justification du taux d'intérêt

Le taux proposé (6 %) peut paraître élevé par rapport au niveau très bas des taux observés sur les marchés financiers (autour de 1 %).

Il s'explique notamment par le fait qu'il s'agit d'une société présentant une faible capitalisation et que les titres émis présentent une faible liquidité (il ne sera pas facile de trouver un acquéreur en cas de cession des obligations).

De plus, il faudrait examiner le niveau de risque de la société (niveau d'endettement, profitabilité...) qui influe également sur le niveau du taux.

3. Taux de rendement actuariel brut

Les obligations sont émises et remboursées au pair. Par conséquent, le taux actuariel est égal au taux nominal, soit 6 %.

4. Condition d'échange

Les obligataires auront intérêt à demander la conversion de leurs obligations en actions de la société dès lors que : Cours de l'action × 20 > 14.

Si l'on regarde le cours du 15.10.2014, on a : 0,93 × 20 = 18,60 > 14 ; la condition pour réaliser la conversion est remplie.

5. Parité d'échange

Le rapport (20 actions pour 1 oceane) a été choisi pour tenir compte des valeurs respectives des deux titres au moment de l'opération.

6. Remboursement anticipé des obligations

Si la société a la possibilité de s'endetter à un taux plus intéressant, elle peut procéder à un remboursement anticipé pour remplacer les obligations et réduire le coût moyen de son endettement.

APPLICATION 9

ORA avec droit préférentiel de souscription

1. Points communs et différences entre ORA, OCA et OBSA

- Différences :
- l'obligataire qui détient une ORA devient actionnaire à l'échéance de l'emprunt tandis que celui qui détient une OCA peut devenir actionnaire s'il décide d'exercer son droit de conversion avant l'échéance de l'emprunt (option intéressante si prix de l'action > prix de remboursement de l'obligation) ;
- l'obligataire qui détient une OBSA peut devenir actionnaire en exerçant son BSA tout en conservant son obligation. L'obligation et le BSA sont cotés séparément.
- Points communs :
- les ORA, OCA et OBSA sont des quasi-fonds propres ;
- le taux d'intérêt nominal de ces obligations est inférieur à celui d'une obligation classique en raison des possibilités de gain supérieur (intérêts et plus-value liée à la détention d'une action).

2. Spécificité de cette émission d'ORA

Cette émission d'ORA est assortie d'un droit préférentiel de souscription (DPS).

En effet, l'augmentation de capital, qui interviendra début 2012, entraînera une dilution du contrôle et une dilution du bénéfice.

Les anciens actionnaires sont donc protégés en recevant un droit préférentiel de souscription, droit qui peut être revendu s'ils ne souhaitent pas souscrire à l'emprunt obligataire.

3. Nombre d'actions anciennes et nouvelles

La détention d'une action ancienne donne droit à un DPS. De plus, il faut 5 DPS pour pouvoir souscrire à 3 ORA. Il y a donc :

175 599 × 5/3 = **292 665 actions anciennes**

Chaque ORA est remboursée par la remise d'une action nouvelle. Par ailleurs, le taux de souscription de l'emprunt obligataire a été de 98,68 %.

La société émettra début N+5 :

175 599 × 98,68 % = **173 281 actions nouvelles.**

4. Calcul du premier coupon et des coupons suivants

Le 1er coupon doit être calculé sur la période allant du 07.12.N (date de jouissance) au 30.06.N+1, soit un montant de :

$$65 \times 0{,}0575 \times \frac{25 + 31 + 28 + 31 + 30 + 31 + 30}{365} = 2{,}11\text{ €}$$

5. Calcul du taux de rendement actuariel brut

Il n'est pas possible de calculer le taux de rendement actuariel brut de cet emprunt obligataire car, à son échéance, l'obligation sera remboursée en action nouvelle dont le cours est inconnu à la date d'émission de l'emprunt.

CHAPITRE

16

Le choix de financement

APPLICATION 1

Coût d'un crédit-bail

1. Flux liés au crédit-bail (sorties de fonds)

	0	1	2	3	4	5
Dépôt garantie	10 000					
Loyer		21 000	21 000	21 000	21 000	
– Économie d'IS		– 7 000	– 7 000	– 7 000	– 7 000	
Rachat					15 000	
Remboursement dépôt					– 10 000	
Économie d'IS/amort.						– 5 000
Flux nets	10 000	14 000	14 000	14 000	19 000	– 5 000

2. Taux de revient du crédit-bail

En plus des flux nets décaissés, il faut tenir compte de la perte des économies d'impôt dont l'entreprise aurait bénéficié si elle avait été propriétaire.

La dotation aux amortissements annuelle aurait été de : 75 000/5 = 15 000 € et l'économie d'impôt correspondante de : 15 000 × 1/3 = 5 000 € ;

Les flux à considérer sont donc les suivants :

	0	1	2	3	4	5
Flux initiaux	10 000	14 000	14 000	14 000	19 000	– 5 000
+ Pertes d'économie d'IS		5 000	5 000	5 000	5 000	5 000
	10 000	19 000	19 000	19 000	24 000	0

Le taux de revient t du crédit-bail est donné par la relation d'équivalence suivante :

$$75\,000 = 10\,000 + 19\,000\ \frac{1-(1+t)^{-3}}{t} + 24\,000\,(1+t)^{-4}$$

$$65\,000 = 19\,000\ \frac{1-(1+t)^{-3}}{t} + 24\,000\,(1+t)^{-4}$$

On trouve : $t \approx$ **9,06 %**

APPLICATION 2

Crédit-bail ou emprunt

1. Vérification du TRI

Dotations aux amortissements = 5 000/5 = 1 000 k€
Flux nets de trésorerie = (1 750 – 1 000) × 2/3 + 1 000 = 1 500 k€
Le TRI est le taux *t* tel que :

$$5\,000 = 1\,500 \times \frac{1-(1+t)^{-5}}{t}$$

La calculatrice donne *t* = TRI = **15,24 %.**

2. Calcul du taux de revient de l'emprunt

Années	0	1	2	3	4	5
Amortissement						– 2 000
Intérêts		– 120	– 120	– 120	– 120	– 120
Économie d'IS sur intérêts		40	40	40	40	40
Frais d'émission	– 60					
Économie d'IS/dotations aux amortissements des frais (60/5 × 1/3)		4	4	4	4	4
Emprunt	2 000					
Flux nets de trésorerie sur emprunt (en k€)	1 940	– 76	– 76	– 76	– 76	– 2 076

On cherche le taux *t* tel que :

$$1940 = 76 \times \frac{1-(1+t)^{-4}}{t} + \frac{2\,076}{(1+t)^{5}}$$

La calculatrice donne *t* = **4,48 %.**

3. Calcul du taux de revient du crédit-bail

Années	0	1	2	3	4	5
Loyers de CB		– 1 500	– 1 500	– 1 500	– 1 500	
Économie d'IS sur loyers		500	500	500	500	
Perte d'économie d'IS/dot. amort $(\frac{5\,000}{5} \times \frac{1}{3})$		– 333	– 333	– 333	– 333	– 333
Prix de rachat					– 500	
Économie d'IS sur amort.						167
Montant économisé	5 000					
Flux nets de trésorerie sur crédit-bail (en k€)	5 000	– 1 333	– 1 333	– 1 333	– 1 833	– 166

Le taux de revient du financement par crédit-bail est le taux t tel que :

$$5\,000 = \frac{1\,333}{(1+t)} + \frac{1\,333}{(1+t)^2} + \frac{1\,333}{(1+t)^3} + \frac{1\,833}{(1+t)^4} + \frac{166}{(1+t)^5}$$

La calculatrice donne $\boldsymbol{t = 7{,}12\ \%}$

4. Avantages et inconvénients du crédit-bail

Avantages

- Possibilité d'investir sans disposer de fonds (sauf si dépôt de garantie).
- Choix à la fin du contrat entre plusieurs possibilités : racheter le bien ; renouveler le contrat ; ou arrêter.
- Rapidité d'obtention.
- Parfois, maintenance voire changement du bien en cas d'évolution technique importante.
- Déductibilité des redevances versées.

Inconvénients

- Coût souvent élevé.
- Pénalité en cas de rupture de contrat.

5. Coût du capital

Coût du capital du projet financé par crédit-bail

Le projet est financé intégralement par crédit-bail donc le coût du capital est de 7,12 %.

Coût du capital du projet financé par emprunt et fonds propres

Il y a deux modes de financement donc il faut calculer le coût moyen pondéré du capital t_c.

$$t_c = 4{,}48\ \% \times \frac{2\,000}{2\,000 + 3\,000} + 5{,}5\ \% \times \frac{3\,000}{2\,000 + 3\,000} = 5{,}09\ \%$$

Commentaire

Dans les deux cas, le projet d'investissement est rentable car le coût du capital est inférieur au TRI. Les deux financements permettent de générer un effet de levier positif.

L'emprunt est cependant plus intéressant pour l'entreprise car il permet de minorer le coût du capital.

APPLICATION 3

Société Ervac

1. Taux de revient de l'emprunt bancaire et du crédit-bail

Taux de revient de l'emprunt bancaire

12 % × 2/3 = **8 %**

Taux de revient du crédit-bail

Années	0	1	2	3	4	5	6
Loyers de CB		– 80 000	– 80 000	– 80 000	– 80 000	– 80 000	– 80 000
Économie d'IS sur loyers : (80 000 × 1/3)		26 667	26 667	26 667	26 667	26 667	26 667
Perte d'économie d'IS dot. amort : 300 000/6 × 1/3		– 16 667	– 16 667	– 16 667	– 16 667	– 16 667	– 16 667
Montant économisé	300 000						
Flux nets de trésorerie sur crédit-bail	300 000	– 70 000	– 70 000	– 70 000	– 70 000	– 70 000	– 70 000

Le taux de revient du financement par crédit-bail est le taux *t* tel que :

$$300\,000 = 70\,000 \times \frac{1-(1+t)^{-6}}{t}$$

La calculatrice donne t = **10,55 %.**

La société doit se financer par emprunt bancaire car le coût de revient de l'emprunt bancaire (8 %) est inférieur au coût de revient du crédit-bail (10,55 %).

2. Flux nets de trésorerie d'exploitation (en k€)

Années	0	1	2	3	4	5	6
CA du projet		320	350	500	500	500	400
– Dépenses d'exploitation		– 300	– 300	– 300	– 300	– 300	– 300
– Dotations aux amort.		– 50	– 50	– 50	– 50	– 50	– 50
Résultat avant IS		– 30	0	150	150	150	50
IS		10(1)	0	50	50	50	17
Résultat net d'IS		– 20	0	100	100	100	33
– Δ BFRE	– 30						
+ Récupération du BFRE							30
Capital investi	– 300						
Flux nets de trésorerie d'exploitation (Résultat net d'IS + Dotations)	– 330	30	50	150	150	150	113

(1) Économie d'IS car l'entreprise est globalement bénéficiaire.

3. Flux nets de trésorerie après financement (en k€)

L'emprunt bancaire est remboursé par amortissements constants. On calcule d'abord les flux nets de trésorerie sur emprunt :

Années	0	1	2	3	4	5	6
Amortissement		– 50	– 50	– 50	– 50	– 50	– 50
Intérêts		– 36	– 30	– 24	– 18	– 12	– 6
Économie d'IS sur intérêts		12	10	8	6	4	2
Emprunt	300						
Flux nets de trésorerie sur emprunt (en k€)	300	– 74	– 70	– 66	– 62	– 58	– 54

Les flux nets de trésorerie après financement sont obtenus en additionnant les flux nets de trésorerie d'exploitation et sur emprunt :

Années	0	1	2	3	4	5	6
Flux nets de trésorerie d'exploitation	– 330	30	50	150	150	150	113
Flux nets de trésorerie sur emprunt	300	– 74	– 70	– 66	– 62	– 58	– 54
Flux nets de trésorerie après financement	– 30	– 44	– 20	84	88	92	59

4. TRI avant financement et après financement

TRI avant financement

On cherche le taux t tel que :

$$330 = \frac{30}{(1+t)} + \frac{50}{(1+t)^2} + \frac{150}{(1+t)^3} + \frac{150}{(1+t)^4} + \frac{150}{(1+t)^5} + \frac{\mathbf{113}}{(1+t)^6}$$

t = TRI avant financement = **18,71 %.**

TRI après financement

On cherche le taux t tel que :

$$30 = \frac{-44}{(1+t)} - \frac{20}{(1+t)^2} + \frac{84}{(1+t)^3} + \frac{88}{(1+t)^4} + \frac{92}{(1+t)^5} + \frac{59}{(1+t)^6}$$

t = TRI après financement ≈ **43,92 %.**

5. Conclusion

La société bénéficie d'un effet de levier favorable (43,92 % > 18,71 %). Le recours massif à l'endettement dans le cas présent contribue à augmenter fortement la rentabilité financière de l'entreprise. On peut supposer que la société Ervac était peu endettée jusque-là.

APPLICATION 4

Emprunt bancaire ou obligataire ?

1. Taux de revient de l'emprunt bancaire

Années	0	1	2	3	4	5
Amortissement						– 3 000
Intérêts		– 300	– 300	– 300	– 300	– 300
Économie d'IS sur intérêts		100	100	100	100	100
Frais de dossier	– 30					
Économie d'IS / Frais de dossier	10					
Assurance obligatoire		– 21	– 21	– 21	– 21	– 21
Économie d'IS / Assurance		7	7	7	7	7
Emprunt	3 000					
Flux nets de trésorerie sur emprunt (en k€)	2 980	– 214	– 214	– 214	– 214	– 3 214

On cherche le taux t tel que :

$$2\,980 = \sum_{i=1}^{4} \frac{214}{(1+t)^i} + \frac{3\,214}{(1+t)^5}\text{, soit : } 2\,980 = 214 \times \frac{1-(1+t)^{-4}}{t} + \frac{3\,214}{(1+t)^5}$$

La calculatrice donne t = **7,30 %**.

2. Taux de revient de l'emprunt obligataire

Années	0	1	2	3	4	5
Amortissement						– 3 030
Éco. d'IS sur la dot. aux amort. de la prime de rembourst.	2	2	2	2	2	2 (1)
Intérêts		– 255	– 255	– 255	– 255	– 255
Économie d'IS sur intérêts		85	85	85	85	85
Frais d'émission	– 45					
Économie d'IS / Dotations aux amortissements des frais		3	3	3	3	3
Emprunt	3 000					
Flux nets de trésorerie sur emprunt (en k€)	2 955	– 167	– 167	– 167	– 167	– 3 197

(1) (30/5) × 33 1/3 % = 2

On cherche le taux t tel que :

$$2\,955 = \sum_{i=1}^{4} \frac{165}{(1+t)^i} + \frac{3\,195}{(1+t)^5}\text{, soit } 2\,955 = 165 \times \frac{1-(1+t)^{-4}}{t} + \frac{3\,195}{(1+t)^5}$$

La calculatrice donne t = **6,03 %.**

3. Choix de financement

La société Jésite doit opter pour le financement par emprunt obligataire car son taux de revient est inférieur à celui de l'emprunt bancaire (6,10 % < 7,30 %).

APPLICATION 5

Société FJ

Autofinancement

0	1	2	3	4	5
– 400	+ 100	+ 100	+ 100	+ 100	+ 100

CAF disponibles actualisées :

$$-400 + 100\,\frac{1-(1{,}07)^{-5}}{0{,}07} = \textbf{10,02 k€}$$

Autofinancement et emprunt

	Années	1	2	3	4	5
Autofinancement	CAF (données)	100	100	100	100	100
	– Amortissements	80	80	80	80	80
	= Résultat net	20	20	20	20	20
	Résultat avant impôt : (20 × 3/2)	30	30	30	30	30
	Charges d'intérêts : (300 × 0,12)	36	36	36	36	36
	Résultat avant impôt	– 6	– 6	– 6	– 6	– 6
	CAF normale (Rt + Dot.)	74	74	74	74	74
	Remboursement emprunt	–	–	–	–	– 300
	CAF disponible	74	74	74	74	– 226

$$\text{CAF disponibles actualisées} = -100 + 74\,\frac{1-(1{,}07)^{-4}}{0{,}07} - 226\,(1{,}07)^{-5}$$

$$= \mathbf{-\,10{,}48\ k€}$$

Crédit-bail

Années	1	2	3	4	5	6
Résultat avant IS	30	30	30	30	30	
+ Amortissements comptables	80	80	80	80	80	
– Redevances de crédit-bail	100	100	100	100	100	
– Amortissements						50
Résultat avant IS (dans le cadre du crédit-bail)	10	10	10	10	10	
CAF = Résultat net	6,67	6,67	6,67	6,67	6,67	
Achat					– 50	
CAF disponibles	6,67	6,67	6,67	6,67	– 43,33	+ 16,67 (1)
(1) Économie d'impôt sur amortissement.						

$$\text{CAF disponibles actualisées} = 6{,}67\ \frac{1-(1{,}07)^{-4}}{0{,}07} - 43{,}33\ (1{,}07)^{-5} + 16{,}67\ (1{,}07)^{-6}$$

$$= \mathbf{2{,}81\ k€}$$

Conclusion : C'est l'autofinancement qui doit être choisi.

APPLICATION 6

Entreprise Relage

1. Coût du financement, avant IS, proposé par la société Pleynet

C'est le taux t qui vérifie l'équation suivante :

$$2\,000\,000 = 400\,000 + 400\,000\ \frac{1-(1+t)^{-5}}{t} \quad \text{ou} \quad 4 = \frac{1-(1+t)^{-5}}{t}$$

$\Rightarrow$ t = **7,93 %**

2. Taux de rentabilité économique avant IS

C'est le résultat d'exploitation avant impôt rapporté au montant investi. Le taux de l'IS étant de 33 1/3 %, le résultat d'exploitation avant impôt est égal à 3/2 du résultat après impôt.

Matériel Villard

(220 000 × 3/2)/2 000 000 = **16,5 %**

Matériel Pleynet

Le résultat d'exploitation net d'impôt peut être retrouvé à partir des flux de trésorerie d'exploitation en retirant les dotations aux amortissements :
RE (net d'impôt) = 560 000 – 2 000 000/5 = 160 000
(160 000 × 3/2)/2 000 000 = **12 %**

3. Rentabilité financière avec la solution Pleynet

La formule de l'effet de levier financier donnant le taux de rentabilité financière à partir du taux de rentabilité économique est la suivante (t_e et i avant impôt) :

$$t_f = 2/3 \times t_e + 2/3 \times \frac{D}{K}(t_e - i)$$

L'essentiel de l'investissement étant financé grâce à un crédit, le levier financier (D/K) est élevé : 1 600 000/400 000 = 4

On a donc : $t_f = 2/3 \times 0{,}12 + 2/3 \times 4\,(0{,}12 - 0{,}0793) = 0{,}08 + 0{,}1085 =$ **0,1885 soit 18,85 %**

4. Taux de l'emprunt qui égaliserait les rentabilités financières des deux solutions $\left(\frac{D}{K} = 4\right)$

On connaît la rentabilité financière de la solution Pleynet et on sait que le levier financier est le même pour la solution Villard ; on peut donc écrire :

$2/3 \times 0{,}165 + 2/3 \times 4(0{,}165 - i) = 0{,}1885$

On trouve i = **13,55 %**

5. Choix

La rentabilité économique du matériel Villard est sensiblement plus élevée.

Tant que le taux de l'emprunt bancaire ne dépasse pas 13,55 %, c'est ce projet qui apparaît le plus intéressant.

Comme le taux de l'emprunt est de 9 %, il faut retenir la solution Villard.

APPLICATION 7

Structure financière et coût du capital

1. Coût du capital

Pas d'imposition

	E_1	E_2
Rentabilité financière : t_f (coût des capitaux propres) :	$t_f = t_e + \frac{D}{K}(t_e - i)$ $t_f = 0{,}18 + \frac{800}{1\,200}(0{,}18 - 0{,}09)$ $t_f = 0{,}24$	$t_f = t_e + \frac{D}{K}(t_e - i)$ $t_f = 0{,}18 + 1(0{,}18 - 0{,}09)$ $t_f = 0{,}27$
Coût du capital t_c :	$t_c = 0{,}24 \times \frac{1\,200}{2\,000} + 0{,}09 \times \frac{800}{2\,000}$ $t_c = 0{,}18$	$t_c = 0{,}27 \times \frac{1\,000}{2\,000} + 0{,}09 \times \frac{1\,000}{2\,000}$ $t_c = 0{,}18$

Conclusion : En l'absence d'impôt, le coût du capital est indépendant de la structure financière (et égal au taux requis par le marché).

Existence d'une imposition

Il faut calculer t_f en tenant compte du fait que les capitaux permanents sont majorés de l'économie d'impôt (avec θ = taux d'imposition).

D'une manière générale, on a :

- Résultat économique : $(D + K)t_e$
- Charges d'intérêt : D_i
- Résultat imposable : $Kt_e + D(t_e - i)$

Résultat net : $(1 - \theta)[Kt_e + D(t_e - i)]$

$$\text{et } t_f = (1 - \theta)\frac{Kt_e + D(t_e - i)}{K + D\theta}$$

Ce qui donne :

$$- \text{pour } E_1 \Rightarrow t_f = \frac{2}{3}\,\frac{1\,200 \times 0{,}18 + 800\ (0{,}18 - 0{,}09)}{1\,200 + 800 \times 1/3} = \mathbf{0{,}1309}$$

$$\text{Coût du capital} = \frac{0{,}1309\ (1\,200 + 800/3) + 0{,}09 \times \frac{2}{3} \times 800}{1\,200 + 800/3 + 800} = \mathbf{0{,}1059}$$

$$- \text{pour } E_2 \Rightarrow t_f = \frac{2}{3}\,\frac{1\,000 \times 0{,}18 + 1\,000\ (0{,}18 - 0{,}09)}{1\,000 + 1000/3} = \mathbf{0{,}1350}$$

$$\text{Coût du capital} : \frac{0{,}1059\ (1\,000 + 1\,000/3) + 0{,}06 \times 1\,000}{1\,000 + 1\,000/3 + 1\,000} = \mathbf{0{,}0862}$$

2. Conclusion

S'il existe une imposition, le coût du capital n'est plus indépendant de la structure financière. Il décroît quand la dette croît.

APPLICATION 8

Valeur d'une entreprise endettée

On sait que :

Valeur de l'entreprise endettée =	Valeur de l'entreprise non endettée	+	Économie d'impôt (calculée et actualisée sur une infinité de périodes)

Calculons la valeur de l'entreprise équivalente mais non endettée :

- Résultat économique : 3 200 × 0,15 = 480
- Résultat imposable : 480
- Résultat net 480 × 2/3 : 320

Valeur de l'entreprise non endettée : $\frac{320}{0{,}15}$ = 2 133,33

Économie d'IS : 1 200 × 1/3 = 400,00

Valeur de l'entreprise endettée : 2 533,33

CHAPITRE

17 Le plan de financement

APPLICATION 1

Plan simple

1. Calcul des CAF

On a besoin de connaître les charges d'intérêts de l'emprunt.
Pour cela, il faut faire le tableau d'amortissement de l'emprunt :

	Capital dû	Intérêts	Remboursement	Annuité
N	500 000	20 000	125 000	145 000
N+1	375 000	15 000	125 000	140 000
N+2	250 000	10 000	125 000	135 000
N+3	125 000	5 000	125 000	130 000

CAF prévisionnelles de N à N+2 :

	N	N+1	N+2
Marge/coût variable	540 000	540 000	600 000
– CF d'exploitation	– 380 000	– 380 000	– 380 000
– Charges financières	– 20 000	– 15 000	– 10 000
Résultat avant impôt	140 000	145 000	210 000
Résultat net	93 333	96 667	140 000
CAF (résultat net +dot.)	173 333	176 667	220 000

2. Plan de financement

Calcul des augmentations de BFRE :

	N	N+1	N+2
ΔCAHT	1 800 000	–	200 000
ΔBFRE	300 000		33 333

Plan de financement :

	N	N+1	N+2
Ressources			
CAF	173 333	176 667	220 000
Emprunt	500 000		
Augmentation de capital	150 000		
Total	823 333	176 667	220 000
Emplois			
Acquisitions d'immobilisations	600 000		
Augmentation du BFRE	300 000		33 333
Remboursements d'emprunt	125 000	125 000	125 000
Dividendes	40 000	40 000	42 000
Total	1 065 000	165 000	200 333
Écarts	– 241 667	11 667	19 667
Trésorerie initiale	–	– 241 667	– 230 000
Trésorerie finale	– 241 667	– 230 000	– 210 333

3. Commentaire

Le plan n'est pas équilibré. La société risque de connaître des problèmes de trésorerie notamment en début d'année car l'investissement et l'augmentation du BFRE interviennent au début de l'année N, alors que la CAF est générée au fur et à mesure de l'exercice.

Elle aura donc besoin d'un financement complémentaire à court terme au cours de cette année et pour les suivantes.

Il ne faut pas oublier qu'il reste 125 000 € d'emprunt à rembourser fin N+3.

On peut s'interroger sur la rentabilité du projet.

APPLICATION 2

Plan en deux étapes

1. Plan sans financements externes

Calculs préalables

Il faut calculer les variations de BFRE pour les 3 ans du plan :

	1	2	3
CAHT prévisionnel	6 000 000	8 500 000	8 500 000
BFRE (CA HT × 36/360)	600 000	850 000	850 000
Δ BFRE	0(1)	250 000	0
(1) Le chiffre d'affaires n'est pas modifié par rapport à l'exercice précédent et le BFRE ne bouge pas.			

Plan

	1	2	3
Ressources durables			
CAF	650 000	850 000	850 000
Cessions	140 000		
Total	790 000	850 000	850 000
Emplois stables			
Immobilisations	2 000 000	500 000	200 000
Δ BFRE	–	250 000	–
Total	2 000 000	750 000	200 000
Trésorerie initiale	160 000	– 1 050 000	– 950 000
Écarts	– 1 210 000	+ 100 000	650 000
Trésorerie finale	– 1 050 000	– 950 000	– 300 000

2. Plan avec les financements externes

Calculs préalables

La CAF est modifiée après l'emprunt (intérêts annuels : 400 000 × 4,5% = 18 000).

	1	2	3
CAF sans emprunt	650 000	850 000	850 000
2/3 intérêts	– 12 000	– 12 000	– 12 000
= CAF rectifiée	638 000	838 000	838 000

Plan définitif

	1	2	3
Ressources durables CAF Cessions Augmentation de capital Emprunt	 638 000 140 000 654 000 400 000	 838 000	 838 000
Total	1 832 000	838 000	838 000
Emplois stables Immobilisations ΔBFRE	 2 000 000 –	 500 000 250 000	 200 000 –
Total	2 000 000	750 000	200 000
Trésorerie initiale Écarts	160 000 – 168 000	– 8 000 + 88 000	80 000 638 000
Trésorerie finale	– 8 000	80 000	718 000

3. Commentaire

On constate qu'un problème subsiste pour la première année d'autant plus que les immobilisations sont acquises au début de l'année alors que la CAF est sécrétée progressivement tout au long de l'année.

L'entreprise devra trouver un financement ponctuel (crédit d'un an, avances en comptes courants des actionnaires) pour équilibrer le plan et sa trésorerie.

La trésorerie prévisionnelle est très confortable à la fin de la troisième année, ce qui permet de penser que les investissements prévus sont rentables. L'entreprise pourrait envisager de rembourser l'emprunt dès la fin du plan.

On peut noter qu'aucune distribution de dividendes n'a été prévue dans le plan. Une distribution semble possible dès l'année 2. Pour la première année, la marge de manœuvre est plus étroite.

APPLICATION 3

Société Bellum

1. CAF prévisionnelles

Années	1	2	3	4
EBE prévisionnels	720 000	1 020 000	1 020 000	1 020 000
– Charges d'intérêts	72 000	54 000	36 000	18 000
– Dot. aux amortissements	270 000	270 000	270 000	270 000
= Résultat brut	378 000	696 000	714 000	732 000
Résultat net	252 000	464 000	476 000	488 000
+ Dotations	270 000 (1)	270 000	270 000	270 000
= CAF prévisionnelle	522 000	734 000	746 000	758 000

(1) $\frac{1\,100\,000}{10} + \frac{800\,000}{5} = 270\,000$

2. Plan de financement

	1	2	3	4
Ressources				
• CAF/anciennes activités	300 000	300 000	300 000	300 000
• CAF/nouvelles activités	522 000	734 000	746 000	758 000
• Augmentation de capital	400 000			
• Emprunt	800 000			
Total des ressources	2 022 000	1 034 000	1 046 000	1 058 000
Emplois				
• Investissements	1 900 000			
• ΔBFRE	100 000	20 000		
• Remboursements	200 000	200 000	200 000	200 000
• Dividendes	160 000	240 000	240 000	240 000
Total des emplois	2 360 000	460 000	440 000	440 000
Écarts	– 338 000	574 000	606 000	618 000
Écarts cumulés (trésorerie finale)	– 338 000	236 000	842 000	1 460 000

3. Déséquilibre

La première année, on observe un déficit qui ne se résorbera que dans le courant de la deuxième année.

Plusieurs solutions peuvent être envisagées :

- réduire les dividendes, mais cela ne permet pas d'éliminer le déficit et risque de mécontenter les actionnaires ;
- contracter un emprunt sur une durée de deux ans avec un remboursement en fin de deuxième année. Le montant emprunté doit être suffisant pour faire face aux charges d'intérêt de la première année, dont on sait qu'elles sont supportées par la société à raison de 2/3.

Montant nécessaire : X

On doit avoir : $X - 2/3 \times X \times 0{,}09 = 338\ 000$

$\Rightarrow$ X = 359 574,47 que nous arrondirons à **360 000 €**

La CAF de la première année diminue d'un montant égal à 2/3 des intérêts, soit de :
$2/3 \times 360\ 000 \times 0{,}09 = 21\ 600$ €

Le total des ressources de la première année devient :
2 022 000 + 360 000 – 21 600 = **2 360 400 €**

Nouveaux soldes

Années	1	2	3	4
Ressources	2 360 400	1 034 000(1)	1 046 000	1 058 000
– Emplois	2 360 000	820 000(2)	440 000	440 000
Écarts	400	192 400	606 000	618 000
Écarts cumulés (trésorerie finale)	400	192 800	798 800	1 416 800

(1) La CAF de la 2e année diminue à nuveau de 216 000 €.
(2) 460 000 + 360 000 (remboursement du 2e emprunt).

Le plan est équilibré, mais on aurait pu prévoir une marge plus importante (par exemple, en empruntant 380 000 €).

4. Échelonnement des flux

En observant plus spécialement les flux relatifs à la première année, on voit que :

– le montant décaissé en début d'année est de 1 900 000 + 100 000 = 2 000 000 €, les autres flux étant décaissés plus tard ;

– les ressources encaissées en début d'année sont de : 400 000 + 800 000 = 1 200 000 €. La CAF est générée tout au long de l'année et elle n'est pas disponible pour financer les premiers décaissements.

Par conséquent, il existe un déficit pour un montant de : 2 000 000 – 1 200 000 = 800 000 €, qui ne se résorbera que vers la fin de l'année et nécessitera un financement à court terme.

Le même problème peut se poser pour les autres années du plan, mais généralement dans une moindre mesure.

En conclusion, on dira que même lorsque le plan est équilibré, il peut subsister des problèmes de financement pour de courtes périodes, en particulier au niveau de la première année.

APPLICATION 4

Société commerciale

Calculs préalables : Comptes de résultat prévisionnels et calcul de la CAF

	N+1	N+2	N+3	N+4	N+5
Marge/Coût d'achat (1)	9 000	17 136	17 136	17 136	17 136
– Charges variables (2)	3 000	5 100	5 100	5 100	5 100
– Redev. de crédit-bail	300	300	300	300	
– Charges fixes	2 700	3 500	3 500	3 500	3 500
– Charges financières :					
• emprunt	200	200	150	100	50
• comptes courants	270	270	270	180	90
– Anciennes dotations	900	900	900	900	900
– Nouvelles dotations (3)	450	450	450	450	600

☞

☞

Résultat brut	1 180	6 416	6 466	6 606	6 896
Résultat net	786,67	4 277,33	4 310,67	4 404	4 597,33
CAF (résultat net + dot.)	2 136,67	5 627,33	5 660,67	5 754	6 097,33

(1)Pour N+1 → 30 % × 26 000 + 10 % × 12 000 = 9 000.

(2) Pour N+2 à N+5 → $2\,000 \times \frac{46\,800}{26\,000} + 1\,000 \times \frac{18\,000}{12\,000} = 5\,100.$

(On suppose que les charges variables sont proportionnelles au CAHT.)

(3) $6\,000 \times \frac{1}{20} + \frac{1\,500}{10} = 450.$

En N+5, à ces dotations s'ajoute celle qui est effectuée sur le mobilier pris en crédit-bail puis racheté à la fin de N+4, à la fin du contrat (450 + 150 = 600).

Plan de financement
(sommes en milliers d'euros)

	N+1	N+2	N+3	N+4	N+5
RESSOURCES :					
• CAF	2 137	5 627	5 661	5 754	6 097
• Comptes courants	3 000				
• Emprunt	2 000				
• Remboursement du dépôt de garantie				100	
Total des ressources	7 137	5 627	5 661	5 854	6 097
EMPLOIS :					
• Constructions	6 000				
• Installations	1 500				
• Renouvellements courants	800	800	800	800	800
• Dépôt de garantie	100				
• Remboursementdes comptes courants			1 000	1 000	1 000
• Remboursement emprunt		500	500	500	500
• Rachat du mobilier				150	
Total des emplois	8 400	1 300	2 300	2 450	2 300
Écarts	– 1 263	4 327	3 361	3 404	3 797
Écarts cumulés (trésorerie finale)	– 1 263	3 064	6 425	9 829	13 626

Commentaire

Seule la première année pose un problème d'équilibre. La trésorerie dégagée les années suivantes est largement positive, ce qui confirme la rentabilité des projets d'investissements (à condition que les prévisions effectuées soient satisfaisantes).

L'entreprise pourrait remplacer l'emprunt par un financement à court terme de façon à réduire le montant des charges financières.

Il peut être envisagé de distribuer des dividendes.

APPLICATION 5

Silone

1. Présentation du plan de financement

Calcul des ΔBFR

	N+1	N+2	N+3	N+4
CAHT	80 000	95 000	109 000	120 000
BFR	5 556	6 597	7 569	8 333
ΔBFR	4 056[1]	1 041	972	764

(1) BFR (fin N) = 1 500 ⇒ ΔBFR = 5 556 – 1 500

Plan de financement

	N+1	N+2	N+3	N+4
Ressources				
CAF	70 000	75 000	77 000	80 000
Emprunt	50 000			
Subventions	7 000	7 000	7 000	7 000
Total ressources	127 000	82 000	84 000	87 000
Emplois				
Investissements	90 000	75 000	30 000	30 000
Remboursements	20 000	30 000	10 000	10 000
Dividendes	10 000	10 000	10 000	10 000
Δ BFR	4 056	1 041	972	764
Total emplois	124 056	116 041	50 972	50 764
Écarts	+ 2 944	– 34 041	+ 33 028	+ 36 236
Écarts cumulés	+ 2 944	– 31 097	+ 1 931	+ 38 167

2. Équilibre du plan

Le plan de financement n'est pas équilibré ; en N+2, l'entreprise doit trouver des financements complémentaires auprès de sa banque. On voit qu'elle ne pourra pas rembourser avant 2 ans (en N+4).

Emprunt nécessaire : environ 34 000 €.

(On doit avoir $x - 10\ \%\ x \times 2/3 = 31\ 098$, soit $x = 33\ 319$ €, arrondi à 34 000 €.)

Postes du plan modifiés :

– la CAF : elle diminue en N+2 et tant que l'emprunt n'est pas remboursé :

CAF N+2 → 75 000 – 2/3 × 3 400 = 72 733

CAF N+3 → 77 000 – 2/3 × 3 400 = 74 733

– l'emprunt de 34 000 en N+2 ;

– le remboursement en N+4.

Nouveaux écarts :

	N+1	N+2	N+3	N+4
Écarts	2 944	– 2 309	30 761(2)	2 236(3)
Écarts cumulés (trésorerie finale)	2 944	635(1)	31 396	33 632

(1) 72 733 + 34 000 + 7 000 – 116 042 + 2 944 = 635 €
(2) 74 733 + 7 000 – 50 972 = 30 761.
(3) 87 000 – 50 764 – 34 000 = 2 236.

Remarque : La société ayant supporté des charges d'intérêts, sa trésorerie est moins confortable.

APPLICATION 6

Double projet

1. Tableau d'amortissement

Échéance	Capital dû	Intérêts	Amortissement	Annuité
1	85 000	5 100	26 699	31 799
2	58 301	3 498	28 301	31 799
3	30 000	1 800	30 000	31 800

2. CAF prévisionnelles du premier projet

	N	N+1	N+2
EBE	59 950	76 150	76 150
– Dotations (37 000/10)	– 3 700	– 3 700	– 3 700
– Intérêts	– 5 100	– 3 498	– 1 800
= Résultat courant avant IS	51 150	68 952	70 650
– IS	– 17 050	– 22 984	– 23 550
= Résultat net	34 100	45 968	47 100
+ Dotations	3 700	3 700	3 700
= CAF projet 1	37 800	49 668	50 800

3. Plan de financement

Remarque : Les intérêts de l'emprunt sont pris en compte dans le calcul de la CAF. Par conséquent, seule la partie « remboursement » des annuités est à considérer dans le plan.

	Début N	N	N+1	N+2
CAF projet 1		37 800	49 668	50 800
CAF projet 2				27 000
Emprunt	85 000			
Total ressources	85 000	37 800	49 668	77 800

☞

	Début N	N	N+1	N+2
Immo.	37 000		25 000	
ΔBFRE	51 000	3 000	36 000	
Remboursements		26 699	28 301	30 000
Total emplois	88 000	29 699	89 301	30 000
Soldes	– 3 000	8 101	– 39 633	47 800
Soldes cumulés	– 3 000	5 101	– 34 532	13 268

Projet 1 : Début N → ΔBFRE = 612 000 × 30/360 = 51 000

Année N ⇒ ΔBFRE = (648 000 – 612 000) × 30/360 = 3 000

Année N+1 ⇒ ΔBFRE = 36 000 (augmentation de BFRE relative au 2e projet).

Cette augmentation qui apparaît début N+2 doit logiquement être positionnée en N+1.

Années suivantes ⇒ le BRE reste stable puisque le CAHT est constant.

4. Commentaire

Le plan présente une trésorerie finale positive, alors que l'emprunt est totalement remboursé. Cependant, on constate un grave déséquilibre la deuxième année.

Il faudrait trouver un financement complémentaire au cours de l'année 2 et/ou reporter le deuxième projet.

Il est également envisageable d'allonger la durée de l'emprunt ou encore de différer d'un an le premier remboursement.

APPLICATION 7

SA Techlux

1. Comptes de résultat prévisionnels

Calculs préalables

Charges financières

N et N+1 ⇒ 3 000 000 × 5% = 150 000

N+2 ⇒ (3 000 000 – 1 000 000) × 5% = 100 000

Dotations

Constructions ⇒ 10 000 000/10 = 1 000 000

Matériel et outillage ⇒ 8 000 000/4 = 2 000 000

Comptes de résultat

(Sommes en milliers d'euros)

	N	N+1	N+2
Chiffre d'affaires	30 000	33 000	36 000
Charges variables d'exploitation	15 000	16 500	18 000
Charges fixes d'exploitation (hors amort.)	5 700	5 700	5 700
Charges financières	150	150	100
Dotations aux amortissements	3 000	3 000	3 000

	N	N+1	N+2
Résultat avant IS	6 150	7 650	9 200
Résultat net	4 100	5 100	6 133
CAF	7 100	8 100	9 133

2. Plan de financement

Calculs préalables

- **ΔBFRE :**

$$N \Rightarrow \frac{30\,000 \times 36}{360} = 3\,000$$

$$N+1 \text{ et } N+2 \Rightarrow \frac{3\,000 \times 36}{360} = 300$$

- **Dividendes**

N ⇒ 48 000 × 25 = 1 200 000 (1 200 k€)

N+1 et N+2 ⇒ (48 000 + 12 000) × 25 =1 500 000 (1 500 k€)

- **Remboursements d'emprunts**

N ⇒ 4 600

N+1 ⇒ 3 900 + 1 000 = 4 900

N+2 ⇒ 3 500 + 1 000 = 4 500

Plan

(Sommes en milliers d'euros)

	N	N+1	N+2
Emplois			
Nouvelles immobilisations	18 000		
ΔBFRE	3 000	300	300
Remboursements d'emprunts	4 600	4 900	4 500(1)
Dividendes	1 200	1 500	1 500
Total	26 800	6 700	6 300

(1) 3 500 + 1 000.

	N	N+1	N+2
Ressources			
CAF des anciennes activités (3 100 + 10 000)	13 100	13 100	13 100
CAF du projet	7 100	8 100	9 133
Augmentation de capital ($\frac{48\,000}{4} \times 400$)	4 800		
Emprunt	3 000		
Total	28 000	21 200	22 233
Écarts	1 200	14 500	15 933
Trésorerie initiale	– 1 000(1)	200	14 700
Trésorerie finale	200	14 700	30 633

(1) CBC = 1 000.

3. Bilan prévisionnel au 31.12.N

Calculs préalables

Capital : (48 000 + 12 000) × 100 € = 6 000 k€
Prime d'émission : 12 000 × (400 € – 100 €) = 3 600 k€
Réserves : 12 000 + (3 100 – 1 200) = 13 900
Résultat : 3 100 + 4 100 = 7 200
Emprunts : 27 900 – 1 000(1) + 3 000 – 4 600 = 25 300
Immobilisations incorporelles : 5 000 – 1 600 = 3 400
Immobilisations corporelles : 41 000 + 18 000 – (8 400 + 3 000) = 47 600
BFRE : 4 000 + 3 000 = 7 000

Bilan prévisionnel

Actif		Passif	
Immob. incorporelles	3 400	Capital	6 000
Immob. corporelles	47 600	Prime d'émission	3 600
Immob. financières	2 000	Réserves	13 900
BFRE	7 000	Résultat	7 200
Banque	200	Provisions pour risques	4 200
		Emprunts	25 300
	60 200		60 200

• • • • • •

CAS 1

Bons de souscription Saint-Bagoin

1. Nombre de BSA revendus par Wedel

Nbre d'actions souscrites par Wedel = 18,3 % × nbre d'actions après l'augmentation – 21 % × nbre d'actions avant
= 0,183 × (382,57 + 108,02) – 0,21 × 382,57
= 89,77797 – 80,3397
= 9,43827 millions
= 9 438 270 actions nouvelles souscrites

Il faut 7 BSA pour 2 actions nouvelles, donc Wedel a exercé :

$$9\ 438\ 270 \times \frac{7}{2} = 33\ 033\ 945 \text{ BSA}$$

Un BSA a été distribué par action ancienne donc Wedel a bénéficié de 80 339 700 BSA.
Par conséquent, Wedel a pu vendre :
80 339 700 – 33 033 945 = **47 305 755 BSA**

(1) Remboursement du CBC figurant dans le bilan fin N–1.

2. Somme décaissée par Wedel

Le prix d'émission d'une nouvelle action est de 14 € et les BSA sont revendus au prix unitaire de 2 €. Wedel doit donc décaisser :

9 438 270 × 14 – 47 305 755 × 2 = **37 524 270 €**

3. Valeur temps du BSA Saint-Bagoin

On sait que :

- Valeur temps du BSA = Cours du bon – Valeur intrinsèque
- Valeur intrinsèque = $\dfrac{\text{Cours de l'action} - \text{Prix d'exercice}}{\text{Nombre de bons exigés pour une action}}$

Valeur temps du BSA le 23.02.N

- Valeur intrinsèque = $\dfrac{21{,}29 - 14}{3{,}5}$ = 2,08 €
- Valeur temps = 2,53 – 2,08 = **0,45 €**

Valeur temps du BSA le 05.03.N

- Valeur intrinsèque = $\dfrac{18{,}26 - 14}{3{,}5}$ = 1,22 €
- Valeur temps = 1,20 – 1,22 = – **0,02 €**

La baisse du cours du BSA entre le 23.02.N et le 05.03.N s'explique par une baisse de la valeur intrinsèque liée à la baisse du cours de l'action Saint-Bagoin (appelé sous-jacent) et au fait que la valeur temps diminue au fur et à mesure que l'on se rapproche de la fin de la période de souscription des actions (le 06.03.N). Le 5 mars, le marché anticipe une baisse du cours du sous-jacent de 0,02 € au cours de la journée du 6 mars.

4. PER de Saint-Bagoin

PER = $\dfrac{\text{Cours de l'action}}{\text{Bénéfice net par action attendu}}$

PER de Saint-Bagoin le 05.03.N :

PER = $\dfrac{18{,}26}{2{,}45}$ = **7,45**

Le 25.03.N :

PER = $\dfrac{17{,}20}{2{,}45}$ = **7,02**

Commentaire :

L'augmentation de capital entraîne une dilution du bénéfice. Le cours de l'action a également diminué. Il en résulte une baisse du PER.

CAS 2

Émission d'OCA Mélec

1. Produit brut de l'émission des obligations

50 000 × 300 = 15 000 000 €

2. Vérification du taux de rendement actuariel brut

Montant du coupon d'intérêts : 300 × 6 % = 18 €.

Si on désigne par t le taux de rendement actuariel brut, on peut écrire :

$$300 = 18 \ \frac{1 - (1 + t)^{-5}}{t} + 330\,(1 + t)^{-5} \qquad R = 300\,(1,10) = 330$$

On obtient t = 7,71 %

Du fait de l'existence d'une prime de remboursement, le taux de rendement actuariel est supérieur au taux nominal de l'emprunt.

3. Parité de conversion

Une obligation peut être échangée contre 100 actions.

Si on prend le cours du 12.12.N, on voit qu'il est contenu 330/2,28 = 145 fois dans le prix de remboursement de l'obligation.

Pour que la conversion soit intéressante, il faudrait que le cours de l'action augmente de 45 % au moins.

4. Date de jouissance

C'est la date à partir de laquelle les intérêts courent.

En principe, elle correspond à la date d'apport des fonds et de livraison des obligations.

5. Condition d'exercice des bons

L'exercice d'un bon entraîne l'acquisition d'une action au prix de 4 €. Tant que le cours de l'action reste inférieur à ce prix, les détenteurs de bons n'ont pas intérêt à les exercer puisqu'ils peuvent acquérir les actions pour moins cher sur le marché.

6. Montant obtenu si exercice des bons

Nombre total de BSA : 50 000 × 100 = 5 000 000

Nombre d'actions émises si exercice : 5 000 000

Produit = 5 000 000 × 4 = 20 000 000 € (dont 15 000 000 de nominal et 5 000 000 de prime d'émission).

7. Intérêt de ce type d'opération

À condition que le cours de ses actions remonte, la société espère réaliser une importante augmentation de capital vu le nombre de bons émis (5 000 000) lors de l'émission des obligations, et ce plus simplement. Les titulaires des bons n'ont pas à acquérir de droits de souscription et espèrent aussi réaliser une bonne opération.

8. Cotation des obligations

- Les obligations sont cotées en pourcentage de la valeur nominale et au pied du coupon (hors coupon couru).

Le cours des obligations varie en sens inverse des taux d'intérêt ; quand les taux augmentent, le cours baisse et inversement.

• Le cours de 101,62 est supérieur à celui de l'émission (100). On peut en déduire que les taux d'intérêt ont diminué depuis fin N, date d'émission des obligations.

CAS 3

Investissement et plan de financement

1. Besoin en fonds de roulement normatif

Définition

Le BFR correspond au montant **moyen** du BFRE. En effet, le BFRE variant constamment et pour éviter des problèmes de trésorerie trop importants, il est recommandé de financer le BFRE moyen par des ressources durables.

Le BFR normatif (ou fonds de roulement normatif) est exprimé en jours de CAHT.

Utilité

Elle est double :

– connaître le détail des postes de façon à détecter des anomalies (stocks trop lourds...) ;

– effectuer des prévisions nécessaires pour établir notamment le plan de financement.

2. Fonds de roulement normatif (FRN) négatif

Il peut arriver que le BFR normatif soit négatif ce qui signifie qu'en moyenne, les ressources de financement à court terme sont supérieures aux besoins à financer à court terme.

C'est le cas lorsque les stocks sont faibles, les crédits clients courts ou inexistants et les crédits fournisseurs importants (grande distribution, restauration...).

3. CAF prévisionnelles

	N	N+1	N+2	N+3
EBE	140 000	140 000	170 000	170 000
– Dotations aux amortissements	– 50 000	– 50 000	– 50 000	– 50 000
Résultat avant impôt	90 000	90 000	120 000	120 000
– Impôt sur les sociétés	– 30 000	– 30 000	– 40 000	– 40 000
Résultat après impôt	60 000	60 000	80 000	80 000
+ Dotations	+ 50 000	+ 50 000	+ 50 000	+ 50 000
CAF	110 000	110 000	130 000	130 000

4. Plan de financement sans financements externes

- Variation du BFR

	N	N+1	N+2	N+3
CAHT	560 000	560 000	680 000	680 000
BFR (18 jours de CAHT)	28 000	28 000	34 000	34 000
ΔBFR	28 000	0	6 000	0

- Plan de financement

	N	N+1	N+2	N+3
Ressources				
CAF	110 000	110 000	130 000	130 000
Remboursement du dépôt de garantie				10 000
Emplois				
Investissements	500 000			
BFR (à financer par anticipation : début N et fin N+1)	28 000	6 000		
Dépôt de garantie CB	10 000			
Total	538 000	6 000	0	0
Écart annuel	– 428 000	104 000	130 000	140 000
Trésorerie finale	– 428 000	– 324 000	– 194 000	– 54 000

On remarque que, sans financements externes, la trésorerie reste négative sur la durée du plan. Le recours à des financements externes est donc indispensable.

5. Plan de financement final

CAF rectifiées

Le recours à un emprunt génère des intérêts qui ont un impact négatif sur la CAF. La CAF diminue des intérêts nets d'IS (2/3 des intérêts avec un taux d'IS de 33 1/3%).

	N	N+1	N+2	N+3
CAF	110 000	110 000	130 000	130 000
– 2/3 intérêts (120 000 × 5 %)	– 4 000	– 4 000	– 4 000	– 4 000
CAF rectifiée	106 000	106 000	126 000	126 000

Plan rectifié

	N	N+1	N+2	N+3
Ressources				
CAF	106 000	106 000	126 000	126 000
Emprunt	120 000			
Augmentation de capital	320 000			
Remboursement dépôt de garantie				10 000
Achat matériel informatique				3 000
Total	546 000	106 000	126 000	139 000
Emplois				
Investissements	500 000			
ΔBFR (financé par anticipation)	28 000	6 000		
Dépôt de garantie CB	10 000			
Dividendes		15 000	15 000	15 000
Remboursement de l'emprunt				120 000
Total	538 000	21 000	15 000	135 000
Écart annuel	8 000	85 000	111 000	4 000
Trésorerie finale	8 000	93 000	204 000	208 000

6. Commentaire

Les financements externes ont permis d'équilibrer le plan de financement. La trésorerie finale est largement positive malgré le remboursement de l'emprunt. Il reste plusieurs années d'exploitation et on peut en déduire que le projet de développement est rentable.

Le remboursement de l'emprunt pourrait être anticipé (la trésorerie finale permet de rembourser les 120 000 € dès la fin de la 3e année).

CHAPITRE 18 Les prévisions de trésorerie

APPLICATION 1

Questions diverses relatives au budget de trésorerie

	Oui/Non	Explications
Les sommes sont TTC	Oui	On regroupe les encaissements et les décaissements.
La période considérée est la semaine	Non	C'est le mois.
Les ventes figurant sur une période sont celles réalisées pendant cette période	Non	Ce sont les ventes encaissées.
Plusieurs tableaux préparatoires sont nécessaires	Oui	Le budget de trésorerie est un document de synthèse.
Toutes les charges et tous les produits sont pris en compte	Non	Seuls les charges décaissables et les produits encaissables.
Différentes présentations sont possibles	Oui	–
Un solde négatif au niveau d'une période est toujours un signe inquiétant	Non	Les déficits de trésorerie sont difficiles à éviter, mais ils doivent être temporaires.

APPLICATION 2

Test TCN

1. Émetteurs

- Certificats de dépôt (CD) : établissements de crédit (remplissant certaines conditions) et Caisse des dépôts et consignations.

- Billets de trésorerie (BT) :
  - entreprises (autres qu'établissements de crédit) de plus de deux ans d'existence et pouvant faire appel public à l'épargne, ce qui correspond essentiellement aux sociétés cotées en bourse ;
  - entreprises du secteur public, coopératives agricoles, GIE...
- Bons à moyen terme (BMT) : tous ceux qui peuvent émettre, soit des certificats de dépôt, soit des billets de trésorerie.

2. Durée

- CD et BT : de 1 jour à 1 an
- BMT : plus d'1 an

Montant minimum : 150 000 euros

3. Intérêt

Il permet aux grosses sociétés de se financer à court terme à des taux intéressants, proches de ceux du marché interbancaire, et en dehors du système bancaire (n'importe quel agent économique pouvant théoriquement souscrire ces titres).

4. Négociable

Il existe en principe un marché secondaire permettant de revendre n'importe quel titre de créance négociable, avant la date d'échéance.

La revente dépend de la liquidité du marché secondaire ; très bonne pour les CD, elle est moyenne pour les BT.

APPLICATION 3

Certificat de dépôt

1. Somme que recevra la banque à l'émission du certificat de dépôt

Cette somme est, en l'occurrence, la valeur nominale soit : **200 000**.

Somme à payer à l'échéance : S

$$S = 200\,000 + 200\,000\ \frac{0{,}04 \times 180}{360} = \mathbf{204\,000}$$

2. Montant de la transaction

À l'échéance du certificat, l'acquéreur percevra 204 000 €.

Si on désigne par x le montant de la transaction, on doit avoir :

$$x + \frac{x \times 0{,}036 \times 120}{360} = 204\,000$$

D'où : $\boxed{x = 201\,581{,}03€}$

3. Taux de placement *t* réalisé par le premier acquéreur

Le premier acquéreur a acheté le certificat 200 000 et l'a revendu au bout de 60 jours au prix de 201 581,03, par conséquent, le taux de placement *t* est tel que :

$$200\ 000 + 200\ 000\ \frac{t \times 60}{360} = 201\ 581{,}03$$

D'où $t \simeq 4{,}74\ \%$

APPLICATION 4

Conditions de règlement

1. Mois du règlement

Clients

- 15 jours : la moitié règle le mois même (avril) et l'autre moitié le mois suivant (mai).
- 30 jours : les clients paieront en mai (de façon échelonnée).
- 30 jours fin de mois, le 10 du mois suivant : les ventes seront toutes réglées le 10 juin.

Fournisseurs

- 45 jours : il faudra payer la moitié en mai (achats de la première quinzaine d'avril) et le reste en juin (achats de la deuxième quinzaine d'avril).
- 45 jours fin de mois : les achats du 1er au 15 avril seront réglés fin mai ; les achats du 16 au 30 avril seront réglés fin juin.

2. TVA

Il s'agit d'une entreprise vendant des marchandises, la TVA est considérée comme déductible ou collectée le mois de réalisation de la vente.

APPLICATION 5

Budget élémentaire

1. Budget de trésorerie de mars (en milliers d'euros)

Calculs préalables

Il faut regrouper les encaissements et décaissements du mois de mars :

- Ventes TTC de février (encaissées en mars) : 1 000 × 1,20 = 1 200
- Achats TTC de février : il n'y en a pas eu, donc rien à décaisser en mars
- Frais de distribution (de mars car payés comptant) : 250 × 1,20 = 300
- TVA réglée en mars = TVA due au titre de février = 1 000 × 0,20 – 200 × 0,20 = 160

En principe, il n'y a pas de TVA sur les frais de personnel.

Budget de trésorerie de mars

Encaissements sur ventes – Décaissements sur achats – Frais de personnel – Décaissements sur frais de distribution – TVA à décaisser	1 200 – – 100 – 300 – 160
Variation de trésorerie + Trésorerie initiale	+ 640 20
+ Trésorerie finale	660

Remarque : Les dotations ne génèrent aucun décaissement et n'apparaissent pas dans le budget de trésorerie.

2. Compte de résultat prévisionnel de mars

Rappels : Le compte de résultat est établi à partir des ventes et des charges de la période indépendamment de leur date de règlement.

La TVA n'a pas d'incidence sur le résultat ; les ventes et charges sont prises pour leur montant HT et la TVA à décaisser ne figure donc pas dans ce document.

Compte de résultat du mois de mars (en milliers d'euros)			
Achats marchandises Frais de distribution Frais de personnel Dotations Résultat	700 250 100 45 105	Ventes marchandises	1 200
Total	1 200	Total	1 200

3. Commentaire

On constate que, pour un même mois, on peut avoir dégagé une trésorerie importante alors que le résultat obtenu est négatif. L'inverse est possible aussi.

Ces deux documents donnent des informations de nature différente :

– le premier permet de connaître la trésorerie dégagée pendant le mois et la trésorerie totale en fin de mois ;

– le second détermine le résultat (Produits – Charges) du mois.

APPLICATION 6

Budget de trésorerie simple

1. Budget de trésorerie de janvier N

Calculs préalables

Encaissements

(2/3 des ventes de décembre + 1/3 des ventes de janvier) × 1,20 = (12 000 + 5 000) × 1,20 = 20 400

TVA à payer

La TVA à payer en janvier est celle due pour le mois de décembre N–1 :

• TVA collectée : 18 000 × 0,20 =		3 600
• TVA déductible : (6 000 + 2 000 + 1 000) × 0,20 =		– 1 800
	Achats Autres dép. Invest	
TVA à payer :		1 800

Budget de trésorerie de janvier N

Encaissements	20 400
Décaissements	
Achats de marchandises TTC (6 000 × 1,20)	7 200
Frais de personnel	3 800
Autres dépenses d'exploitation TTC (2 000 × 1,20)	2 400
Investissements TTC (1 000 × 1,20)	1 200
Annuité d'emprunt	7 420
TVA à payer	1 800
Total des décaissements	23 820
Variation de trésorerie	– 3 420
+ Trésorerie initiale	+ 2 844
Trésorerie finale	**– 576**

2. Compte de résultat prévisionnel de janvier

Il est établi à partir des produits et des charges engagés en janvier, quelle que soit leur date de paiement.

Charges		Produits	
Achats marchandises HT	5 500	Ventes marchandises HT	15 000
Frais de personnel	3 800		
Autres charges HT	2 000		
Dotations	1 200		
Charges d'intérêts	1 745		
Résultat (avant impôt)	755		
Total	15 000	Total	15 000

APPLICATION 7

Société Rabol

1. Budget de trésorerie

Rappel : Les comptes Clients (700) et Fournisseurs (50) figurant au bilan de fin N–1 sont TTC.

Budget des ventes

	Total	J	F	M	A
Bilan (clients)	700	700			
Ventes de janvier TTC	1 320	396[1]	924[1]		
Ventes de février TTC	1 200		360	840	
Ventes de mars TTC	1 440			432	1 008
Ventes d'avril TTC	1 440				432
Totaux	6 100	1 096	1 284	1 272	1 440

(1) 30 % × 1 320 et 70 % × 1 320.

Budget des achats et autres charges décaissées

	J	F	M	A
Achats (+ Bilan)	770[1]	600	720	720
Autres charges décaissées	440[2]	440	440	440
Totaux	1 210	1 040	1 160	1 160

(1) 600 (1,20) + 50.
(2) 200 (1,20) + 200.

TVA (sommes en k€)

	J	F	M	A
TVA collectée	220	200	240	240
– TVA déductible[1]	160	140	160	160
TVA due pour le mois	60	60	80	80
TVA à décaisser	76[2]	60	60	80

(1)TVA déductible = 20 % (Achats HT + 50 % Autres charges décaissées HT).
(2)Bilan N–1.
La TVA à décaisser du mois est celle calculée pour le mois précédent.

Budget de trésorerie

	J	F	M	A
• Trésorerie au début du mois	10	– 180	4	56
• Encaissements/Ventes	1 096	1 284	1 272	1 440
• Décaissements sur achats et autres charges	1 210	1 040	1 160	1 160
TVA à payer	76	60	60	80
• Trésorerie fin de mois	– 180	4	56	256

2. Modification du budget

- Nominal du billet de trésorerie : 180 (milliers d'€)
- Intérêts : $\frac{180 \times 0{,}01 \times 30}{360} = 0{,}15$.
- Somme reçue en janvier : 180 – 0,15 = 179,85 (intérêts précomptés).
- Somme remboursée en février : 180.

On a donc :

	J	F	M	A
• Trésorerie au début du mois	10	– 0,15	3,85	55,85
• Encaissements/Ventes	1 096	1 284	1 272	1 440
• Billet de trésorerie	+ 179,85	– 180,00	–	–
• Décaissements	1 210	1 040	1 160	1 160
TVA à payer	76	60	60	80
Trésorerie fin de mois	– 0,15[1]	3,85	55,85	255,85
(1) Pour avoir une trésorerie positive fin janvier, la société devrait émettre un billet d'un montant supérieur à 180 k€.				

APPLICATION 8

Simulation de budget de trésorerie

1. Budget trimestriel de trésorerie

	Janvier	Février	Mars
Encaissements – Décaissements	1 440 000 – 1 347 000	1 200 000 – 1 241 000	1 080 000 – 1 237 000
Écart mensuel + Trésorerie initiale	93 000 19 380	– 41 000 112 380	– 157 000 71 380
= Trésorerie finale	112 380	71 380	– 85 620

2. Modification du budget de trésorerie

Budget si augmentation de 20 % du chiffre d'affaires

Calculs préalables :

• *Ventes :*

	Janvier	Février	Mars
Ventes HT	1 440 000	1 200 000	1 080 000
Ventes TTC	1 728 000	1 440 000	1 296 000
TVA collectée	288 000	240 000	216 000

• *Achats :*

	Janvier	Février	Mars
Achats HT	624 000	480 000	552 000
Achats TTC	748 800	576 000	662 400
TVA déductible/achats	124 800	96 000	110 400

• *Budget de la TVA :*

	Janvier	Février	Mars
TVA collectée	288 000	240 000	216 000
– TVA déductible[1]	– 124 800	– 96 000	– 110 400
TVA à payer	163 200	144 000	105 600
Mois du règlement	Février	Mars	Avril
(1) TVA déductible/achats + TVA / autres charges + TVA/investissement			

• *Budget des décaissements :*

	Janvier	Février	Mars
Fournisseurs	748 800	576 000	662 400
Personnel	500 000	500 000	530 000
Autres charges	125 000	125 000	125 000
TVA à payer	98 000	163 200	144 000
Total	1 471 800	1 364 200	1 461 400

Budget de trésorerie :

	Janvier	Février	Mars
Encaissements	1 728 000	1 440 000	1 296 000
– Décaissements	– 1 471 800	– 1 364 200	– 1 461 400
Écart mensuel	256 200	75 800	– 165 400
+ Trésorerie initiale	19 380	275 580	351 380
= Trésorerie finale	275 580	351 380	185 980

Budget si baisse de 20 % du chiffre d'affaires

Calculs préalables

• *Ventes :*

	Janvier	Février	Mars
Ventes HT	960 000	800 000	720 000
Ventes TTC	1 152 000	960 000	864 000
TVA collectée	192 000	160 000	144 000

• *Achats :*

	Janvier	Février	Mars
Achats HT	416 000	320 000	368 000
Achats TTC	499 200	384 000	441 600
TVA déductible	83 200	64 000	73 600

• *Budget de la TVA :*

	Janvier	Février	Mars
TVA collectée	192 000	160 000	144 000
– TVA déductible	– 83 200	– 64 000	– 73 600
TVA à payer	108 800	96 000	70 400
Mois du règlement	Février	Mars	Avril

• *Budget des décaissements :*

	Janvier	Février	Mars
Fournisseurs	499 200	384 000	441 600
Personnel	500 000	500 000	530 000
Autres charges	125 000	125 000	125 000
TVA à payer	98 000	108 800	96 000
Total	1 222 200	1 117 800	1 192 600

Budget de trésorerie :

	Janvier	Février	Mars
Encaissements	1 152 000	960 000	864 000
– Décaissements	– 1 222 200	– 1 117 800	– 1 192 600
Écart mensuel	– 70 200	– 157 800	– 328 600
+ Trésorerie initiale	19 380	– 50 820	– 208 620
= Trésorerie finale	– 50 820	– 208 620	– 537 220

3. Commentaire

On constate que le niveau d'activité a un fort impact sur la trésorerie.

Pour les trois mois, la trésorerie est fortement affectée en plus ou en moins.

Cela s'explique par l'existence de charges fixes (charges de personnel et autres charges) assez importantes. En cas de baisse de l'activité, les décaissements correspondant à ces charges restent incompressibles et la trésorerie diminue de façon spectaculaire.

Quel que soit le niveau d'activité, on observe qu'il y a un problème de déséquilibre en mars et qu'il existe un risque d'avoir une trésorerie négative au cours de ce mois. Ce risque est extrêmement élevé en cas de baisse du chiffre d'affaires.

APPLICATION 9

Plan de trésorerie

1. Financements (en k€)

Avril

Montant des effets en portefeuille : 5 200, d'où recours à l'escompte uniquement (échéance des effefs : fin mai).

Montant à escompter X (fin avril) si on veut disposer d'un montant net de 550 :

$$X - \frac{X \times 31 \times 0{,}065}{360} = 550 \Rightarrow \boldsymbol{X \approx 553}$$

Mai

Nouveau solde fin mai : les effets escomptés fin avril ne seront pas encaissés comme prévu en mai :

- Encaissements : 4 450 – 553 (effets escomptés fin avril) = 3 897
- Décaissements : – 5 550

– 1 653

- Montant à escompter (échéance des effets : fin juin) :

$$X - \frac{X \times 0{,}065 \times 30}{360} = 1\,653 \Rightarrow X \approx 1\,662$$

Juin

Solde de fin juin :

(5 250 – 1 662 [effets escomptés fin mai]) – 3 600 = – 12

2. Plan de trésorerie (en k€)

	Avril	Mai	Juin
Encaissements prévus	5 400	4 450	5 250
– Effets escomptés les mois précédents	–	– 553	– 1 662
+ Montant net escompté	+ 550	+ 1 653	–
– Décaissements	– 5 950	– 5 550	– 3 600
Écart mensuel	0	0	– 12
Trésorerie (disponibilités) fin de mois	0	0	– 12

Remarque : La trésorerie négative de juin correspond aux agios relatifs à l'escompte.

CHAPITRE

19 Les financements et placements à court terme

APPLICATION 1

Société Socodex

1. Effets à remettre à l'escompte

La somme des valeurs nettes des effets escomptés doit atteindre 200 000 €. Les effets dont l'échéance se situe au 15 juin ne suffisent pas ; on rajoute l'effet de 40 000 échéant le 20 juin : 80 000 € + 65 500 € + 21 000 € + 40 000 € = 206 500 €

2. Financement à choisir

Durées d'escompte : mai + juin = 8 + 15 = 23 jours et 8 + 20 = 28 jours ([mai] [juin])

Coût de l'escompte

La commission d'endos fonctionne comme un taux d'intérêt ; on l'ajoute à ce taux : 5,7 % + 0,6 % = 6,3 %.

$$\frac{166\,500 \times 0{,}063 \times (23+1)}{360} + \frac{40\,000 \times 0{,}063 \times (28+1)}{360} + 4 \times 2{,}4 = \mathbf{911{,}90}$$

Coût du découvert

$$\frac{200\,000 \times 0{,}0685 \times 20}{360} + \left(200\,000 \times \frac{1}{2\,000}\right) \times 2 = 761{,}11 + 200 = \mathbf{961{,}11}$$

Solution mixte

L'un des effets ayant une date d'échéance très postérieure à la fin du découvert, il est possible de renoncer à son escompte et de le remplacer par un découvert :

$$\frac{166\,500 \times 0{,}063 \times 24}{360} + \frac{34\,206{,}50^{(1)} \times 0{,}0685 \times 20}{360} + \frac{34\,206{,}50}{2\,000} \times 2 + 3 \times 2{,}4 = \mathbf{870{,}88}$$

Choix

Solution mixte.

(1) 200 000 – (166 500 – Agios)
200 000 – (166 500 – 706,50)

Commentaire

Bien que le taux du découvert soit plus élevé que celui de l'escompte, on constate que le calcul des agios se fait sur un nombre de jours plus important (la date d'échéance ne coïncidant pas avec la date de fin de découvert) et sur un montant plus élevé (le total des effets est supérieur au montant du découvert).

L'escompte est moins souple que le découvert. Si l'entreprise a la possibilité de placer la trésorerie excédentaire apportée par l'escompte, il faudrait en tenir compte dans les calculs de coût.

3. Taux de revient réel du découvert

Soit t ce taux, on a : $\dfrac{200\,000 \times t \times 20}{360} = 961{,}11$

$t = 0{,}0865 =$ **8,65 %**

Du fait de la durée du découvert, l'impact de la CPFD sur le taux de revient est assez faible : **1,8 %**.

Remarque : $t = 8{,}77$ % en raisonnant avec 365 jours.

APPLICATION 2

Calcul d'agios

1. Durées

On calcule la durée entre le lendemain de la négociation compris jusqu'à la date d'échéance incluse.

A ⇒ 31 + 31 + 1 = 63 jours

B ⇒ 31 + 31+ 8 = 70 jours

C ⇒ 31 + 31 + 15 = 77 jours

D ⇒ 31 + 31 + 30 = 92 jours

2. Agios

La commission d'endos fonctionnant comme un taux d'intérêt, on la rajoute pour obtenir un taux d'intérêt commission d'endos comprise : 5,30 % + 0,60 % = 5,90 %.

Intérêts débiteurs $= \dfrac{(7\,000 \times 63 + 1\,600 \times 70 + 6\,000 \times 77 + 8\,500 \times 92)}{360} \times 5{,}90\ \%$

$= \dfrac{1\,797\,000}{360} \times 5{,}90\ \% =$ 294,51

Commissions HT : $4 \times 30 =$ 120,00

TVA/Commissions : $120 \times 20\ \% =$ 24,00

Total TTC : **438,51**

3. Taux de revient t

$\dfrac{1\,797\,000 \times t}{360} = 438{,}51 - 24^{(1)} = 414{,}51 \Rightarrow$ t **= 0,0830 ou 8,30 %**

(soit un supplément de 2,40 %)

Remarque : $t = 8{,}42$ % en raisonnant avec 365 jours.

(1) La TVA étant déductible, elle est à exclure du coût de l'escompte.

4. Gain

- En valeur absolue : 10 × 4 = 40 (HT)
- En valeur relative :

$$\frac{1\,797\,000 \times t}{360} = 40 \Rightarrow \boldsymbol{t = 0{,}008 \text{ ou } 0{,}8\ \%} \text{ (un peu moins de 1 \%)}$$

Vérification :

Coût HT : 294,51 + 80 = 374,51

$$\frac{1\,797\,000 \times t}{360} = 374{,}51 \Rightarrow t = 7{,}5\ \%$$

et 8,30 % – 7,50 % = 0,8 %

APPLICATION 3

Société Breiz

1. Effets négociés

Les effets doivent être négociés la veille de l'apparition du déficit, donc le **11 mai** (la date de valeur de l'opération étant le 12 mai).

Le montant remis à l'escompte doit être supérieur à celui du découvert à financer afin que le montant net d'agios soit au moins égal à 80 000 .

Montant des effets négociés (112, 113, 115), soit : 20 000 + 55 0000 + 8 000 = 83 000 €.

2. Coût

- **Découvert :**

Durée = 15 jours (du 12 inclus au 26 inclus)

Intérêts débiteurs :	80 000 × 0,085 × 15/360 =	283,33
CPFD =	80 000 × 0,05 % =	40
	Total :	**323,33**

- **Escompte :**

Durée : 20 + 1 = 21 et 30 + 1 = 31 jours

$$\text{Intérêts débiteurs : } \frac{75\,000 \times 0{,}081 \times 21}{360} + \frac{8\,000 \times 0{,}081 \times 31}{360} = \quad 410{,}18$$

Commission fixe HT : 5 × 3 =	15,00
Total :	**425,18**

- **Commentaire :**

Le découvert se révèle moins coûteux, malgré un taux plus élevé. Le coût est calculé sur une durée nettement plus courte et sur un montant moins important.

3. Taux de revient du découvert

$$\frac{80\,000 \times 15 \times t}{360} = 323{,}33 \text{ d'où } \boldsymbol{t = 9{,}70\ \%}\text{, soit une majoration de 1,2 \% due à la CPFD.}$$

4. Types de financements pour une grosse société

Les grosses sociétés ont accès à d'autres financements : crédits spots ou crédits intergroupe (obtenu auprès des autres sociétés du groupe) ou émission de billets de trésorerie.

Ces crédits sont nettement moins coûteux que les financements traditionnels proposés par les banques.

APPLICATION 4

Choix de financement

1. Solution de financement

8 mars ⟶ Recours au découvert.

9 mars ⟶ Le découvert étant plafonné à 100 000 €, il faut faire appel à l'escompte pour 70 000 € minimum.

Les effets devront être escomptés le 8 mars. Pour minimiser le coût de l'escompte, il faut choisir les effets dont la date d'échéance est la plus proche.

On escomptera donc :

– l'effet de 50 000 € qui était à 10 jours d'échéance le 5 mars (et qui est donc à 7 jours le 8 mars) ;

– l'effet de 30 000 € qui était à 20 jours d'échéance le 5 mars (et qui est donc à 17 jours le 8 mars).

Dans les prévisions données, ces deux effets ont été portés en recettes, respectivement, le 19 mars (5 + 10 + 4) et le 29 mars (5 + 20 + 4). Donc, ils ne seront plus encaissés à ces dates.

Calcul de l'escompte

Nombre de jours :

- 1er effet : $7 + 2 = 9 < 10 \Rightarrow 10$
- 2e effet : $17 + 2 = 19$

$$\text{Escompte} = \frac{0{,}067}{360}(50\,000 \times 10 + 30\,000 \times 19) + 2 \times 2,70 = 199,14 + 5,40 = 204,54$$

2. Coût du financement pour mars

- Escompte : 204,54
- Découvert :

$$\frac{0{,}072}{360}[100\,000 + 90\,199{,}14 + 80\,199{,}14 + 40\,199{,}14] + \frac{100\,000}{2\,000} = 112{,}12$$

Total = **316,66**

APPLICATION 5

Analyse d'un bordereau d'escompte

1. Nombre de jours de banque

Date d'échéance : 10.10 Date de négociation : 12.09

Nombre de jours séparant la date d'échéance de la date de négociation :	28
Nombre de jours comptés par la banque :	29
Nombre de jours de banque :	1

Jours de banque = jours supplémentaires ajoutés par la banque pour le calcul de l'escompte.

2. Taux d'escompte (incluant la commission d'endos)

Exemple : à partir de l'effet n° 10562.

$$\frac{3\,641{,}71 \times t \times 29}{36\,000} = 36{,}23 \qquad t = \frac{36{,}23 \times 36\,000}{3\,641{,}71 \times 29} = 12{,}35\%$$

3. Taux réel du crédit obtenu

Durée du crédit : 32 jours Coût du crédit : 21,50 + 36,23 = 57,73

Montant du crédit : 3 641,71 – 57,73 = 3 583,98

$$\frac{3\,583{,}98 \times t \times 32}{360} = 57{,}73$$

$t \approx 18{,}12\ \%$

4. Arbitrage escompte/découvert

Coût du découvert :

Sept oct

Nombre de jours = 18 + 10 = 28

$$\text{Intérêts débiteurs} = \frac{[68\,000 \times 28 + 40\,000 \times 6]\ 0{,}1325}{360} = 789{,}11$$

$$\text{CFPD} = \frac{68\,000}{2\,000} \times 2 = 68$$

Total : 857,11

857,11 < 1 289,37 ⇒ Le découvert aurait été préférable.

5. Taux de revient réel du découvert

$$\frac{[68\,000 \times 28 + 40\,000 \times 6]\,t}{360} = 857{,}11$$

$$t = \frac{857{,}11 \times 360}{68\,000 \times 28 + 40\,000 \times 6}$$

$t \approx 14{,}39\ \%$

APPLICATION 6

Commission du plus fort découvert

1. Coût et taux de revient du découvert

- **3 jours :** 100 000 × 0,07 × 3/360 + 100 000 × 0,05 % = 50 + 58,33 = 108,33

  Taux de revient t : $\dfrac{100\,000 \times t \times 3}{360} = 108{,}33 \Rightarrow \boldsymbol{t = 13\ \%}$,

  d'où un supplément de taux de **6 % dû à la CPFD**.

- **10 jours :** coût = 244,44 ; taux de revient = 8,8 % et supplément de **1,8 %**.
- **25 jours :** coût = 536,11 ; t = 7,72 % et supplément de **0,72 %**
- **30 jours :** t = 7,60 % et supplément = **0,60 %**

Commentaire

Le montant de la commission est de 50 et indépendant de la durée du découvert.

Plus le découvert est court, plus l'impact de la CPFD est important en terme de taux.

Le supplément de taux est minoré lorsque le découvert est permanent ; dans ce cas, il s'élève à 0,60 %.

2. Taux maximum et taux minimum

Taux maximum

La CPFD est plafonnée trimestriellement, en principe, à la moitié des intérêts débiteurs du trimestre. Elle peut donc représenter, au plus, *la moitié des intérêts.* Le taux correspondant à cette situation (qui se produit assez rarement) est de : 7 % + 3,5 % = **10,5 %**.

Taux minimum

Le taux est minimisé quand le montant des intérêts est maximum, ce qui se produit quand le découvert dure le mois entier. Le supplément t' dû à la CPFD est alors de (si D = montant du découvert) :

$\dfrac{D}{2\,000} = \dfrac{D \times t' \times 30}{360} \Rightarrow$ **t' = 0,60 % (donc, taux minimum = 7,60 %)**.

3. Calcul des économies

- Coût effectivement supporté :

$\sum$**PFD** = 3 410 ⇒ CPFD = 3 410 × 0,05% = **1,705 k€**

- Coût si taux supplémentaire = 0,60 %

$\dfrac{3\,410 \times 0{,}006 \times 8}{360} \simeq$ **0,455 k€**

Économies réalisées : 1,705 – 0,455 = 1,25 k€

Remarque : Seules les grosses sociétés peuvent obtenir ces conditions de crédit favorables.

CHAPITRE 20 La gestion du risque de change

APPLICATION 1

Questions générales sur les options de change

1. Les deux types d'option de change

- Options d'achat.
- Options de vente.

2. Lieu d'achat et de vente d'une option de change

En général, les options sont négociées auprès d'une banque.

3. Prix versé pour acheter une option

Une prime est versée au vendeur de l'option (la banque en principe) au moment de l'achat de l'option.

4. Exercice d'une option

En principe, les options de change sont dites « européennes », ce qui signifie qu'il faut attendre l'échéance pour les exercer.

5. Date d'exercice d'une option de change

À la date correspondant à la fin du contrat, à l'échéance choisie lors de l'achat de l'option.

6. Hypothèse faite par l'acheteur d'une option d'achat

L'acheteur d'une option d'achat anticipe une hausse du prix du sous-jacent (devise par exemple).

7. Hypothèse faite par l'acheteur d'une option de vente

L'acheteur d'une option de vente anticipe une baisse du prix du sous-jacent.

8. Type d'option à choisir par un importateur qui achète à crédit

Un importateur aura des devises à verser. Il a peur d'une hausse de cette devise et achètera une option d'achat de devises contre euros.

9. Cas d'une option non exercée à l'échéance

L'option est abandonnée et la prime versée au départ est perdue.

10. Assurance d'un bénéfice pour l'acheteur en cas d'exercice de l'option

L'exercice d'une option ne se traduit pas forcément par un bénéfice.
La différence « Prix sur le marché – Prix d'exercice » doit être supérieure à la prime versée lors de l'achat.

APPLICATION 2

Export SA

1. Position de change

C'est la différence (positive ou négative), dans une devise donnée, entre d'une part les avoirs, créances, prêts et commandes reçues et, d'autre part, les dettes et commandes passées.
On calcule la position de change pour chaque devise utilisée, afin de déterminer le montant à couvrir.

2. Position de change en dollars

- Sommes à recevoir en milliers de dollars :
2 000 + 1 600 = **3 600 k$**

- Sommes à régler en milliers de dollars :
2 400 + 4 000 + 100 + 1 200 = **7 700 k$**

Position nette en devises : 7 700 – 3 600 = **4 100 k$ à livrer**.
Il s'agit d'une position courte.

3. Perte en cas de hausse du dollar

La société étant en position de livrer des dollars, elle craint une *hausse* de cette devise.
Dans le cas d'une hausse de 10 %, la perte de change (latente) au 30.09 serait de :
4 100 × 0,85 × 0,1 = **348,5 k€**

4. Couverture

Il ne faut prévoir une couverture que si la probabilité de réalisation du risque est importante.
Moyens de couverture :
– achat à terme de dollars sur le marché des changes à terme ;
– conclusion d'un contrat avec la COFACE ;
– recours à une option de change.

5. Option de change

- En cas de recours à une option de change (négociée avec la banque), elle doit **acheter une option d'achat** de dollars contre euros.

- Si elle doit recevoir des dollars, elle **achètera une option de vente** de dollars contre euros. Dans cette situation, elle craint une baisse du cours du dollar et veut pouvoir vendre les dollars dans des conditions satisfaisantes.

Elle exercera son option si le prix du dollar est inférieur au prix d'exercice fixé et vendra alors ses dollars à un prix plus intéressant que celui du marché.

6. Comparaison

- Les achats et ventes à terme de devises fixent définitivement le prix de ces devises ; ce qui est bien en cas d'évolution défavorable, mais ne permet pas de profiter d'une évolution favorable.
- Le recours à une option permet de se couvrir tout en bénéficiant éventuellement d'une évolution favorable (mais en partie seulement à cause de la prime versée au départ).

APPLICATION 3

Exportateur français

1. Type d'option

Il doit acheter une option de vente de dollars contre euros pour se protéger d'une baisse du dollar. Ainsi, si le dollar baisse, il pourra vendre ses dollars au prix d'exercice, connu dès l'achat de l'option, c'est-à-dire plus cher que sur le marché des changes.

2. Option de type européen

Il s'agit d'une option qui ne peut être exercée qu'à l'échéance.

3. Montant de la prime

Prime totale : 50 000 × 0,02 = **1 000 USD** ou 1 000 × 0,77 = 770 €
Prime unitaire en euros : 0,02 × 0,77 = 0,0154 € ≃ 0,02 €

4. Situations à l'échéance

- **Dollar = 0,69 €**

Vente à terme : vente des dollars à **0,74 €**.
Option : 0,69 < 0,75, donc exercice de l'option et vente des dollars à 0, 75 €.
Le prix obtenu pour 1 USD : 0,75 – 0,02 ≃ **0,73 €** (net de prime)

- **Dollar = 0,80 €**

Vente à terme à **0,74 €**.
Option : 0,80 > 0,75, donc abandon de l'option et vente des dollars sur le marché des changes au comptant pour 0,80. Prix net obtenu pour 1 USD : 0,80 – 0,02 ≃ **0,78 €**.

5. Avantages et inconvénients

- **Vente à terme**

Avantage : il n'y a plus d'incertitude et protection si le dollar baisse. Le risque de change est supprimé.
Inconvénient : on ne peut pas profiter d'une hausse du dollar.

- **Option**

Avantage : possibilité de bénéficier partiellement d'une hausse du dollar si le risque ne se réalise pas.
Inconvénient : le coût de l'option.

APPLICATION 4

Berko SA

Question 1

Montant de la prime

800 000 × 0,012 = 9 600 USD

A priori, la prime est versée en euros. Sachant qu'un euro vaut 1,19 USD à la date de l'opération, on peut trouver la valeur du dollar en euros : 1/1,19 = 0,8403 EUR.

Donc : 9 600 × 0,8403 = **8 066,88 €**

Type d'option

Le trésorier anticipe une baisse du dollar. La position est longue, c'est-à-dire que les créances en dollars sont supérieures aux dettes en dollars (il peut s'agir d'un exportateur). Par conséquent, il doit acheter une **option de vente** qui lui permettra, en cas d'exercice, de vendre les dollars à un prix supérieur à celui du marché.

2. Situation dans 6 mois

- **1 USD = 0,78 €**

0,78 < 0,82 ⇒ le dollar a bien baissé. Il y a **exercice** de l'option. Conformément au contrat, l'acheteur vendra à la banque 800 000 dollars au prix de 0,82 € (donc à des conditions bien meilleures que sur le marché).

- **1 USD = 0,85 €**

0,85 > 0,82 ⇒ le dollar a monté. Il y a **abandon** de l'option. Le droit de vendre n'est pas exercé. Les dollars seront vendus sur le marché des changes à 0,85 €. mais le prix de vente net est plus faible à cause de la prime versée pour l'achat de l'option.

3. Graphique

La prime en euros versée pour 1 dollar est de : 0,012 × 0,8403 = 0,0101

Le cours en dessous duquel la société est bénéficiaire (en cas d'exercice) est de :

0,82 – 0,0101 = **0,8099 ≈ 0,81 €**

En cas de non-exercice, la perte est limitée à la prime versée.

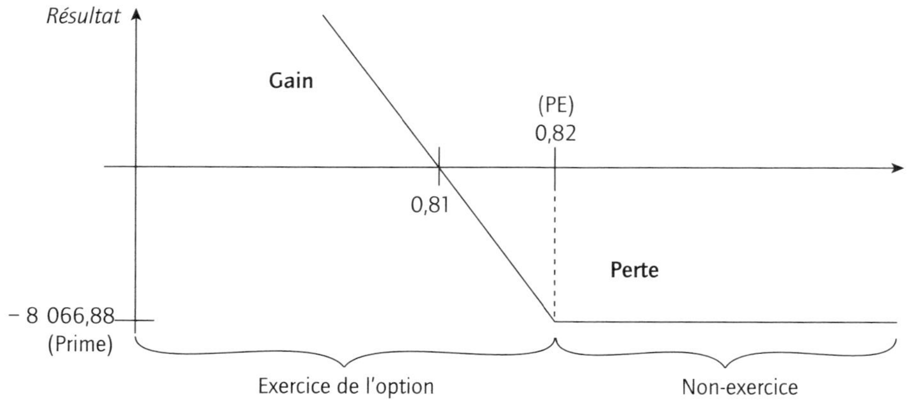

APPLICATION 5

Questions diverses

1. Non. Si l'écart entre le cours et le prix d'exercice n'est pas suffisant pour couvrir la prime versée à l'achat de l'option. S'il y a perte, celle-ci est inférieure à la prime, par conséquent, il est quand même préférable d'exercer l'option plutôt que de l'abandonner dans cette situation.
2. Oui. S'il s'agit d'un contrat de gré à gré, c'est-à-dire conclu avec une banque.
3. Oui, théoriquement, si le cours de la devise monte très fortement, ce qui est rare à court terme.
4. Oui. Le cours de la devise est définitivement fixé.
5. En principe, oui.
6. Oui. S'il exerce l'option, il achètera les dollars au prix d'exercice et les revendra à un cours supérieur sur le marché des changes au comptant.
7. Oui. Le coût est supporté directement (prime pour l'achat de l'option ; prime pour l'assurance Coface...) ou indirectement (cours à terme différent du cours comptant).

APPLICATION 6

Importateur

1. Coût réel du dollar à l'échéance

x = cours du dollar en euros dans 6 mois.

- **Achat à terme :**

Cours du dollar en euro : $\frac{1}{1{,}141} = 0{,}8764$ €.

y = 0,8764 € (le prix est définitivement fixé par le contrat).

- **Option d'achat :**

Prime unitaire (pour 1 dollar) : $1{,}5\ \% \times \frac{1}{1{,}12} = 0{,}0134$ €

Il y a deux cas à distinguer en fonction du cours du dollar à l'échéance :

– 1er cas : $x \geqslant 0{,}86$ (PE) $\Rightarrow$ exercice de l'option. La société exerce son droit d'acheter 2 000 000 dollars au prix d'exercice,
Coût total du dollar : $y = 0{,}86 + 0{,}0134 = 0{,}8734$ € ;

– 2e cas : $x < 0{,}86$ (PE) $\Rightarrow$ l'option est abandonnée. La société se procurera les dollars sur le marché des changes au comptant,
$y = x + 0{,}0134$ €.

2. Examen de la situation si 1 USD = 0,78 €

- **Achat à terme**

La société paye les dollars 0,8764 € (cours à terme du dollar).

Perte : (0,8764 – 0,78) × 2 000 000 = 192 800 €.

- **Option** : 0,78 < 0,86 (PE) ⇒ l'option n'est pas exercée.
La société achète les dollars sur le marché des changes au comptant à 0,78 €.
Perte : 26 786 € (prime totale : 2 000 000 × 1,5 % × $\frac{1}{1{,}12}$ = 26 786 €)

3. Examen de la situation si 1 USD = 0,88 €

- **Achat à terme**
La société paye les dollars 0,8764 €.
Gain : (0,88 – 0,8764) × 2 000 000 = 7 200 €.

- **Option** : 0,88 > 0,86 (PE) ⇒ l'option est exercée ; achat des dollars au prix d'exercice.
La société achète les dollars à 0,86 € (plus la prime).
Gain : (0,88 – 0,86 – 0,0134(prime)) × 2 000 000 = 13 200 €.

APPLICATION 7

Choix d'une couverture

1. Définition du risque

Il s'agit du risque de change (commercial).
Si, entre la date de prise de commande et la date de son règlement, le cours du dollar chute, la société sera perdante.

2. Principe des couvertures et nature de l'option

Qualification de la décision « ne rien faire »

La décision de ne rien faire, prise délibérément, est une **spéculation**. Elle est justifiée par la **conviction** des responsables que le cours du dollar ne chutera pas.

Principe de couverture de la COFACE

Moyennant le versement d'une prime, la COFACE garantit un cours de change déterminé. Au moment du règlement :
- si le cours du change est inférieur au cours garanti, la COFACE indemnise l'entreprise ;
- si le cours du change est supérieur au cours garanti, la société verse la différence à la COFACE.

Il existe des contrats plus élaborés qui permettent aux entreprises de bénéficier partiellement d'une évolution favorable du cours du change.

Opération à terme

Il s'agit d'une opération de vente à terme (de dollars contre euros).

Principe : tous les éléments du contrat de vente (et notamment le cours du dollar) sont fixés « aujourd'hui »... mais l'exécution du contrat est différée dans le temps.

Conséquences :
- l'entreprise est garantie contre une baisse du cours du dollar ;
- par contre, elle n'est pas en mesure de profiter d'une éventuelle hausse.

Option de change

Moyennant le paiement d'une prime, l'achat d'une option de change donne le droit à son acquéreur **d'acheter ou de vendre des devises** à une certaine échéance. L'option n'est exercée que si le risque se réalise ; sinon, elle est abandonnée.

L'option de change envisagée est une option de vente. La société **achèterait une option de vente** (put).

S'agissant d'une option à l'européenne, elle ne peut être exercée qu'à l'échéance.

Mécanisme : Si, à la date d'échéance, le cours du dollar est inférieur à 0,865 €, la société exerce son option, c'est-à-dire qu'elle vend ses dollars à 0,865 €. Dans le cas contraire, elle n'exerce pas son option et vend ses dollars au cours alors pratiqué.

Conséquences : moyennant le versement de la prime, l'entreprise couvre son risque de change (cours garanti : 0,865 – 0,03 = 0,835) et, de plus, elle est en mesure de profiter d'une évolution favorable des cours.

3. Dénouement des situations

Décisions	**1 USD = 0,85 €**		**1 USD = 0,90 €**	
« Ne rien faire »	• Contre-valeur en € des dollars reçus : 200 000 × 0,85 =	170 000	• Contre-valeur en € des dollars reçus : 200 000 × 0,90 =	180 000
	• Contre-valeur en € au cours comptant : 200 000 × 0,855 =	171 000	• Contre-valeur en € au cours comptant :	171 000
	Perte subie	1 000	Profit réalisé	9 000
COFACE (Dans les deux cas la prime est acquise par la COFACE.)	• Contre-valeur en € des dollars reçus :	170 000	• Contre-valeur en € des dollars reçus :	180 000
	• Contre-valeur en € des dollars au cours garanti : 200 000 × 0,88 =	176 000	• Contre-valeur en € des dollars au cours garanti :	176 000
	Perte de change indemnisée par la COFACE : Résultat net = 0	6 000	Bénéfice de change reversé à la COFACE : Résultat net = 0	4 000
Décisions	**1 USD = 0,85 €**		**1 USD = 0,90 €**	
Vente à terme	Produit de la vente à terme : 200 000 × 0,86 =	172 000	Produit de la vente à terme :	172 000
	Contre-valeur en € des dollars au cours de 0,85 : 200 000 × 0,85 =	170 000	Contre-valeur des dollars au cours de 0,90 : 200 000 × 0,90 =	180 000
	Perte évitée	2 000	Manque à gagner	8 000

☞

☞

Options	0,85 < 0,865 : l'option est exercée. Vente des 200 000 USD à 0,865 : 200 000 × 0,865 = – Prime 200 000 × 0,03 =	 173 000 – 6 000	0,90 < 0,865 l'option n'est pas exercée. Vente des dollars à 0,90 : 200 000 × 0,90 = – Prime :	 180 000 – 6 000
	Net perçu : (Cours garanti : 0,865 – 0,03 = 0,835)	167 000	Net perçu :	174 000
	Perte = 167 000 – 170 000 = – 3 000		Perte = 174 000 – 180 000 = – 6 000	

4. Option de change spéculative

L'opération considérée serait une spéculation à la baisse des cours.

L'opérateur anticipe une baisse du dollar et veut en profiter pour réaliser un gain.

Équation du résultat R en fonction du cours du change x :

- si $x > 0{,}865 \Rightarrow R = -200\,000 \times 0{,}03 = -6\,000$ (option abandonnée et perte égale à la prime versée)
- si $x < 0{,}865 \Rightarrow R = +200\,000 \times (0{,}865 - 0{,}03) - 200\,000x = -200\,000x + 167\,000$ (option exercée)

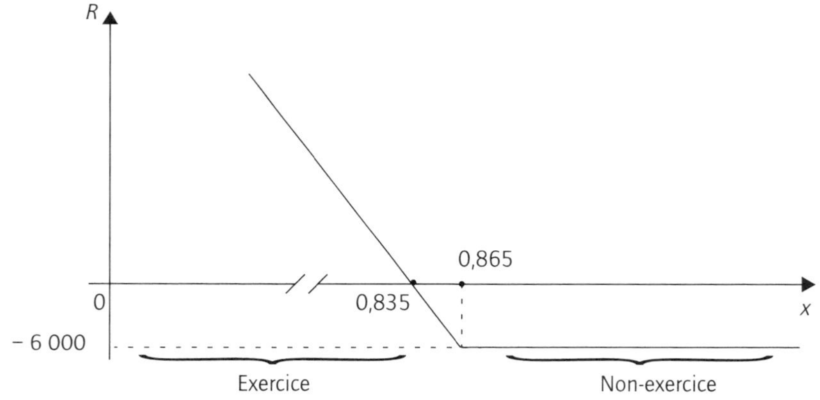

APPLICATION 8

Livre britannique

1. Nature des contrats

Opération à terme

Il s'agit d'une vente à terme de livres contre euros. Le prix de vente des livres est déterminé de façon ferme et définitive.

Contrat d'option

Il s'agit de l'achat d'une option de vente de livres contre euros.
L'option sera exercée si, à l'échéance, le cours est supérieur au prix d'exercice. Sinon, elle est abandonnée et la prime versée est perdue.

2. Résultat obtenu à échéance pour chacune des couvertures

Couverture à terme

Somme encaissée le 28.02.N+1 : 500 000/0,810 = 617 283,95 €
Somme qui aurait été encaissée en l'absence de couverture :
500 000/0,808 = 618 811,88 €
La devise s'est appréciée et la couverture se traduit par un manque à gagner de :
618 811,88 – 617 283,95 = 1 527,93 €
La société n'a pas pu profiter de l'évolution favorable de la devise.

Couverture par option

Précision : Quand le cours tel qu'exprimé ici monte, cela signifie que la livre a baissé par rapport à l'euro.
Compte tenu du cours de la devise à l'échéance (0,808 < 0,812) qui montre que la devise s'est appréciée par rapport au prix d'exercice, l'option n'est pas exercée et les livres sont vendues sur le marché.
Somme encaissée le 28.02.N+1 :
500 000/0,808 = 618 811,88 €
La prime versée est de : (500 000 × 0,2%)/0,805 = 1 242,24 €. Elle a été payée pour rien et est perdue.

3. Niveau du cours

Niveau du cours à partir duquel l'option pourrait être exercée

Le prix d'exercice est de 0,812 GBP et l'option est exercée à partir de ce cours (précisions : exercice si 1 € ≥ 0,812 GBP).

Niveau du cours à partir duquel l'entreprise est gagnante

On sait qu'en cas d'exercice de l'option, le résultat peut être négatif (mais inférieur à la prime versée). Il faut que le cours sur le marché soit suffisant pour entraîner un gain supérieur à la prime.
En cas d'exercice de l'option, les livres seraient vendues au prix d'exercice et la somme encaissée serait de : 500 000/0,812 = 615 763,55 €
Cours permettant d'être bénéficiaire : 0,812 × 1,002 ≃ 0,814 €.

Ou : $\dfrac{500\,000}{615\,763{,}55 = 1\,242{,}24}$ 0,814 €

Si le cours de la livre est supérieur à 0,814, la société serait bénéficiaire.
Si cours = 0,820, on a : montant net encaissé = 500 000/0,810 = **617 283,95 €**

APPLICATION 9

Tunnel d'options

1. Prime nulle

Pour l'importateur, le tunnel consiste à combiner un achat d'option d'achat et une vente d'option de vente. La banque, elle, vend l'option d'achat et achète l'option de vente.

La prime est payée par l'acheteur et encaissée par le vendeur de l'option.

La prime liée à l'achat de l'option d'achat est compensée par celle reçue du fait de la vente de l'option de vente. Si les deux primes n'étaient pas identiques, il pourrait subsister une petite prime à payer.

L'importateur anticipe une hausse du dollar. Mais, pour réduire la prime payée, il accepte le risque de vendre les dollars au prix de 0,875 € si le dollar chute en dessous de cette barre. L'opération de tunnel comporte donc un risque si la devise évolue très défavorablement.

2. Situations à l'échéance

- **1 USD = 0,95 €**

Le cours du dollar étant supérieur au prix d'exercice, l'option d'achat est exercée par l'importateur qui achète 1 000 000 de dollars à 0,92 € (prix d'exercice).

- **1 USD = 0,90 €**

La condition exigée pour l'exercice des options n'est pas remplie. Elles sont abandonnées et les dollars sont achetés à 0,90 € sur le marché comptant.

- **1 USD = 0,85 €**

Le cours est inférieur au prix d'exercice et la banque exerce l'option de vente.

Elle vend 1 000 000 de dollars au prix de 0,87 €.

3. Gains ou pertes par rapport à une situation de non-couverture

- **1 USD = 0,95 €**

Grâce à l'option d'achat, les dollars sont achetés 0,92 au lieu de 0,95, d'où un gain de :
(0,95 – 0,92) × 1 000 000 = **30 000 €**

- **1 USD = 0,90 €**

Les options sont abandonnées et les dollars achetés sur le marché comptant.

Il n'y a ni gain, ni perte.

- **1 USD = 0,85 €**

L'importateur achète les dollars à 0,875 alors que sur le marché ils valent 0,85 €.

À cause de l'exercice de l'option de vente par la banque (mais il n'a pas payé de prime), il perd : (0,875 – 0,85) × 1 000 000 = **25 000 €**.

4. Cas d'un exportateur

L'exportateur souhaite vendre ses devises dans les meilleures conditions possibles.

En principe, il achète une option de vente de la devise contre euros.

S'il veut réduire ou annuler la prime, il peut recourir à un tunnel. Dans ce cas, il complétera l'achat d'une option de vente par la vente (pour encaisser une prime) d'une option d'achat de cette devise contre euros.

Il sera protégé en cas de baisse excessive de la devise, mais ne pourra pas bénéficier d'une hausse importante de cette devise.

• • • • • •

CAS 1

Société Ouest Matériaux

1. Budget de trésorerie pour mai, juin et juillet

Encaissement des ventes

	Total	Mai	Juin	Juillet
Bilan	455 000	455 000		
Mai	1 126 800	563 400	563 400	
Juin	948 900	–	474 450	474 450
Juillet	1 304 900	–	–	652 350
Totaux	3 835 100	1 018 400	1 037 850	1 126 800

Règlements aux fournisseurs

	Total	Mai	Juin	Juillet
Bilan	355 000	355 000		
Mai	889 500	355 800	533 700	
Juin	771 000	–	308 400	462 600
Juillet	889 500	–	–	355 800
Totaux	2 905 000	710 800	842 100	818 400

TVA déductible

	Mai	Juin	Juillet
Sur achats	148 250[1]	128 500	148 250
Sur charges diverses	5 000	5 000	5 000
TVA déductible totale	153 250	133 500	153 250

(1) $\frac{889\,500}{1,2} \times 0,20 = 148\,250$

TVA à décaisser

	Mai	Juin	Juillet
TVA collectée	187 800[1]	158 150	217 450
– TVA déductible	153 250	133 500	153 250
TVA à décaisser	34 550	24 650	64 200
Règlements	50 000[2]	34 550	24 650

(1) $\frac{1\,126\,800}{1,2} \times 0,20 = 187\,800$

(2) 150 750 – 100 750 = 50 000

Budget de trésorerie

	Mai	Juin	Juillet
Solde début de mois	103 050	280 650	321 370
Encaissements	1 018 400	1 037 850	1 126 800
– Décaissements(1)	840 800(2)	997 130(3)	923 050(4)
Solde de fin de mois	280 650	321 370	525 120

(1) Fournisseurs + TVA à décaisser + Charges diverses + Annuités d'emprunt

(2) 710 800 + 50 000 + 80 000 + 0 = 840 800

(3) 842 100 + 34 550 + 80 000 + 40 480 = 997 130

(4) 818 400 + 24 650 + 80 000 = 923 050.

2. Compte de résultat prévisionnel (mai, juin et juillet)

Achats HT	2 125 000		
Var. stocks(1) (910 000 – 1 065 000)	– 153 100	Ventes HT	2 817 000
Charges diverses (80 000 × 3 – 5 000 × 3)	225 000		
Prime d'assurance (42 600/4)	10 650		
Dotations(2)	25 232,5		
Charges financières (18 349,89 × 2/3 + 17 414,9 × 1/3)	18 038,23		
Résultat avant impôt	566 179,27		
Total	2 817 000		2 817 000

(1) Détermination du stock final : SF
SF = Si + achats – Coût d'achat des marchandises vendues
avec :
- *Achats = 2 125 000*
- *Coût d'achat des marchandises vendues : 2 817 000 × 0,7 = 1 971 900*
- *SF = 910 000 + 2 125 000 – 1 971 900 = 1 063 100 et 910 000 – 1 063 100 = – 153 100.*

(2) Détermination des amortissements :
- *Amortissements annuels : 930 000 × 0,05 + 448 000 × 0,1 + 64 200 × 0,15 = 100 930.*
- *Amortissements trimestriels : 100 930/4 = 25 232,5.*

CAS 2

Société PIK

1. Budget de la TVA (premier trimestre N+1)

	Janvier	Février	Mars
TVA collectée	**1 000**	**1 040**	**1 000**
TVA déductible			
• Sur achats	360	400	360
• Sur autres charges	60	20	40
• Sur investissements	400	–	–

☞

☞	Janvier	Février	Mars
Total	820	420	400
TVA à décaisser **Mois du paiement**	**180** **février**	**620** **mars**	**600** **avril**

2. Contenu du budget de trésorerie

Le budget, généralement découpé en mois, regroupe tous les encaissements et décaissements pour faire apparaître les écarts.

Les sommes prises sont les sommes réellement décaissées ou encaissées, donc TTC.

Les charges non décaissables (dotations aux dépréciations, provisions et amortissements, par exemple) n'y figurent donc pas.

3. Budget de trésorerie

	Janvier	Février	Mars
Encaissements			
Créances clients	6 320	6 000	6 240
Décaissements			
Dettes fournisseurs	2 250	2 160	2 400
Autres fournisseurs	360	120	240
Salaires et charges sociales	1 600	1 700	1 600
TVA à décaisser	230	180	620
Investissement	2 400	–	–
Total	6 840	4 160	4 860
Écarts	– 520	1 840	1 380
Trésorerie finale	– 340(1)	1 500	2 880

(1) 180 – 520 = –340

4. Choix d'un financement à court terme pour 350 k€

La société a le choix entre deux possibilités : le découvert et l'escompte complété par le découvert.

Le découvert

Il y a une CPFD pour janvier et pour février.

$$\text{Coût} = \frac{350 \times 0,06 \times 30}{365} + 350 \times 0,05\ \% \times 2 = 1,726 + 0,175 \times 2 = 2,076 \text{ k€}$$

L'escompte complété par le découvert

Le montant des effets disponibles est inférieur au montant à financer, le reste sera financé par un découvert.

- *Coût de l'escompte*

$$\frac{200\,000 + 0,055 \times (31 + 1)}{365} + 18 \times 5 = 964,38 + 90 = 1\,054,38 \text{ €}$$

Montant net obtenu : 200 000 – 1 054,38 = 198 945,62 €

Découvert nécessaire : 350 000 – 198 946 = 151 054 €

- *Coût du découvert*

$$\frac{151\ 054 \times 0,06 \times 30}{365} + 151\ 054 \times 0,05\ \% \times 2 = 895,98\ € \simeq 0,90\ k€$$

Coût total : 1 054,38 + 895,98 = 1 950,36 € ≃ 1,95 k€

Conclusion

Le second financement est un peu moins coûteux.

5. Plan de trésorerie (en k€)

	Janvier	Février	Mars
Encaissements avant financement	6 320	6 000	6 240
+ Escompte net encaissé	+ 198,95		
+ Découvert	+ 151,05		
– Effets escomptés*		– 200	
Ressources rectifiées	6 670	5 800	6 240
Décaissements avant financement	6 840	4 160	4 860
Coût du découvert	0,90		
Remboursement du découvert		151,05	
Décaissements rectifiés	6 840,9	4 311,05	4 860
Écarts	– 170,9	1 488,95	1 380
Écarts cumulés (avec 180 de trésorerie initiale)	9,1	1 498,05	2 878,05[1]

(1) Précisions :
- *Les 200 k€ d'effets escomptés en janvier ne seront plus encaissés en février.*
- *La trésorerie finale est la même que dans le premier budget, diminuée de 1,95 k€, ce qui correspond au coût des financements utilisés pour financer le déficit.*

Commentaire

Le fait de solliciter des financements pour un montant légèrement supérieur au déficit (340 k€) permet d'avoir une trésorerie légèrement positive fin janvier.

Le coût des financements utilisés diminue légèrement le montant de la trésorerie disponible fin mars.

CAS 3

Couverture EUR/USD

1. Position de change au 30 juin N

Avoirs et créances – Dettes = 125 + 724 – 2 230 – 59 = – 1 440 kUSD

La société a plus de dettes que de créances et avoirs en dollars ; la position de change est qualifiée de **courte**.

La société craint une augmentation du dollar par rapport à l'euro.

2. Préciser les avantages et inconvénients de chaque type de couverture

Ne rien faire

La société pourra bénéficier d'une baisse éventuelle du dollar mais elle n'est pas protégée en cas de baisse du dollar.

Achat à terme de dollars

L'avantage est la couverture du risque puisque le prix d'achat est déterminé à l'avance, mais la société ne pourra pas bénéficier d'une baisse de la devise.

Option

Moyennant un coût (la prime), elle protège d'une évolution défavorable de la devise tout en permettant de profiter d'une évolution favorable.

3. Type d'option à négocier

La société doit acheter une option d'achat de dollars contre euros.
Elle anticipe une hausse du dollar et son objectif est de trouver un moyen d'acheter des dollars à moindre coût que sur le marché des changes à la fin du mois de juin.

4. Évolution du dollar

Le nombre de dollars obtenu pour un euro a baissé ; ce qui signifie que la valeur du dollar a augmenté par rapport à la fin mars.
Vérification :

- Fin mars : 1 USD = 0,8012 € (1/1,2481)
- Fin juin : 1 USD = 0,8236 €

5. Examen des possibilités au 30 juin N

Ne rien faire

Si la société n'a rien fait, elle doit acheter les dollars au prix du marché, soit à 0,8236 €.
Elle paiera : 1 440 × 0,8236 = 1 185,984 k€

Achat à terme

Le contrat à terme lie la société et elle est tenue d'acheter les dollars au prix fixé, soit :
1 440 × 1/1,2410 = 1 160,35 k€

Option d'achat

Le dollar ayant monté, la société doit exercer l'option et acquérir les dollars au prix de 1/1,2425 = 0,8048 €.
0,8048 × 1 440 = 1 158,912 k€
Mais elle a dû payer la prime lors de l'achat de l'option :
0,15 % × 1 440 × 0,8012 ≈ 1,731 k€.
Le total déboursé est de : 1 158,912 + 1,731 = 1 160,643 k€.

6. Conclusion

Dans les conditions proposées, il apparaît que la meilleure solution est d'opter pour une couverture au moyen d'un achat à terme de dollars.

Toutefois, ce type de couverture est figé et ne permet pas à la société de profiter d'une baisse du dollar si les anticipations s'avèrent erronées.

7. Cours à partir duquel l'option de change se traduit par un gain net et graphique

Cours à partir duquel l'option de change se traduit par un gain net

Montant de la prime pour un dollar : 0,15 % × 0,8012 = 0,0012 €

Pour que l'exercice de l'option d'achat se traduise par un gain net, il faut que le cours de la devise soit supérieur à : 0,8048 + 0,0012 = 0,806 €

Représentation graphique

Prime totale : 17,31 k€

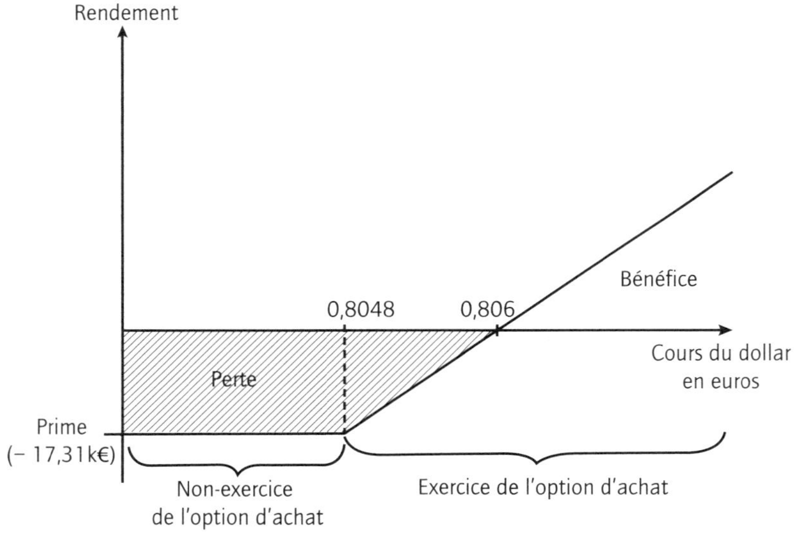